मोबाइल न्यूमेरोलॉजी

मोबाइल नम्बर कैन चेन्ज यूअर लाइफ़

डॉ० सीमा मिढ़ा

HB ISBN: 978-93-60478-40-7
ISBN: 978-93-60477-57-8
eISBN: 978-93-60479-81-7

प्रकाशकः इंडिका प्रकाशन
प्लॉट नं.-63, प्रथम तल, मेन मदर डेयरी रोड
पांडव नगर, ईस्ट दिल्ली-110092
फोनः 011-40395855
व्हाट्स ऐपः +91 9319228272

ई-मेलः indicapublishers@gmail.com

प्रथम संस्करणः 2024

मुद्रकः मणिपाल टेक्नोलॉजीज लिमिटेड, मणिपाल

मोबाइल न्यूमेरोलॉजी
डॉ० सीमा मिढ़ा

लेख पत्रिका

स्वयं को बेहतर जाने अपने मोबाइल नम्बर से

जी हां, यह आश्चर्यजनक किन्तु सत्य है कि जान-मानी अंक विशेषज्ञ और टैरो रीडर डॉ. सीमा मिढ़ा आपके मोबाइल नम्बर की मदद से आपके बारे में सब कुछ बता देगीं।

रेकी और फेंगशुई में भी महारत रखने वाली सीमा मिढ़ा मोबाइल नम्बर के जरिए व्यक्ति की तमाम खासियतें ही नहीं बतातीं बल्कि यह किस परेशानी के दौर से गुजर रहा है इस की भी जानकारी मोबाइल नम्बर से प्राप्त हो सकती है।

डॉ. मिढ़ा के प्रशंसकों और ग्राहकों की एक बड़ी संख्या हे उन्हें रोजाना लोगों की सैकड़ों कॉलें प्राप्त होती हैं जो उनसे सरल से सरल सवालों और तमाम उलझनों के जरिए सब कुछ जान लेने के लिए ललायित दिखलाई पड़ते हैं। रोजाना मिलने वाली कॉलों में लोग उनसे अपनी जिंदगी, केरियर, सम्बन्धों, स्वास्थ्य और आर्थिक पहलुओं पर चर्चा करके समाधान पाते हैं।

यह अपने आप में विस्मयकारी लगता है कि जब कोई व्यक्ति अपने मन की गांठें खोलकर उनके सामने अपने तमाम सवाल रखकर उनसे समाधान की उम्मीद रखता है, उनके पास समाधान पहले से ही मौजूद रहता है। उनमें भांप लेने की गजब की क्षमता है, वह पल भर में आपके मोबाइल नम्बर का विश्लेषण करके आपकी समस्या को सुलझाने की क्षमता रखती हैं। उनकी एक प्रशंसक और ग्राहक स्वाति बताती हैं कि "जिंदगी में मुझे अनेक कठिनाइयों का सामना करना पड़ रहा था। ऐसा प्रतीत हो रहा था कि मेरे साथ कुछ भी अच्छा नही हो रहा है, चाहे वह मेरे कॅरियर का सवाल हो या मेरी जेब या सम्बन्धों की बात। मैं लगातार निराशा में घिरी जा रही थी। एक दिन मैंने डॉ. मिढ़ा का टेलीविजन पर प्रसारित होने वाला शो देखा। मैंने तुरंत ही उनसे सम्पर्क साधा। उन्होंने तुरंत ही मेरी समस्याओं को मेरे सामने रखते हुए उसका

इलाज बतलाया। एक बार पलट पर मुझसे पुनः कुछ नहीं जानने की कोशिश किए बिना दिए गए उनके जवाब से मैं पूर्णतः संतुष्ट हो गयी। मेरे पूछने पर, वह बोलीं कि मैंने तुम्हारे बारे में तुम्हारे मोबाइल नम्बर से सब कुछ जान लिया। मैं डॉ. मिढ़ा की आभारी हूँ जिन्होंने मेरी की जिंदगी को सहज और समस्या रहित बना दिया।"

एक अन्य ग्राहक रोहन के अनुभव भी सुखद रहे। बेहद जटिल स्वभाव वाले रोहन के गुस्सा तो जैसे नाक पर भी घरा रहता था। जिस कारण से उनका अपने गलफ्रेंड से चला आ रहा पांच साल का सम्बन्ध टूट गया। रोहन बताते है कि अपनी गर्लफ्रेंड से अलग होने के बाद, मैंने अपने को बदलने की ठान ली। किंतु मेरे रास्ते की अड़चन महज यहीं थी कि शुरुआत कहां से की जाए? तब, मुझे डॉ. सीमा मिढ़ा के बारे में कहीं से जानकारी प्राप्त हुई और मैंने अपनी समस्या का समाधान पाने का मन बनाया। आप विश्वास करें या नहीं, जैसे ही मैंने उनसे सम्पर्क साधा, वह मेरे व्यक्तित्व और मेरी समस्या के बारे में पहले से ही जानती थीं।

मैं आज अपनी मौजूदा जिंदगी से बेहद खुश हूँ क्योंकि मेरी गर्लफ्रेंड वापस आ गयी है और निकट भविष्य में हम विवाह के बंधन में बंधने भी जा रहे हैं। अब मेरा व्यक्तित्व पहले की तरह जटिल और गुस्से वाला नहीं रह गया है।

यह अनुभव और इस प्रकार के अनेकों अनुभव इशारा रकते हैं यह विश्वास करने पर कि डॉ. मिढ़ा के पास कुछ रहस्यमयी शक्ति है जबकि, डॉ. मिदा से इस सम्बन्ध में पूछा जाता है तब वह नकारते हुए इतना भर ही कहती हैं कि "मेरे पास ऐसी कोई शक्ति नहीं है। यह नम्बरों का खेल हैं। हर अंक चित्रित करता है एक ग्रह को। यह ग्रहीय अंक दिखलाते हैं आपके चरित्र की विशेषताएं और निर्धारित करते हैं आपके व्यक्तित्व को। आप पा सकते हैं कुछ भी और सब कुछ आपके मोबाइल नम्बर के जरिए स्वयं के बारे में जानकार।

फिर चाहे वह आपके कॅरियर या पढ़ाई से जुड़ा हो, स्वास्थ्य या पैसे से जुड़ा हो, प्रेम सम्बन्धी या पारिवारिक मामला हो। डॉ. मिढ़ा कहती हैं कि यह नम्बर बेहद महत्त्वपूर्ण हौर प्रभावशाली है खासकर हमारे जीवन के हर पहलू के बारे में। ऐसे में आएं, स्वयं को खोजें इस वास्तविक विस्मयकारी और स्वदेशी जरिए से, महज सब समाधानों का हल मोबाइल नम्बर करके।

"Ever since I read about this wonderful concept, I have started looking at mobile phone numbers and have been getting an insight into the personality of the person. The amazing thing is it turns out to be correct most of the time. It is like a shortcut into the persona and life of the person."

Alka Raghuvanshi

(President Enkita Arts-curator)

Dr. Seema Midha is an authority n tarot card astrology, numerol- ogy, reiki, karuna reiki, Pranic healing, yoga-mediation and acu- pressure.

She is a wonderful personal- ity who has been awarded by various organisations for contri- bution to the society. She is also an author of books on topics of her expertise. The latest one is that she can tell you about yourself with the mobile number you are holding/using.

I am sure, this unique way discovering yourself with the help of mobile phone number devised by Dr. Seema Midha is going to help people by simply correcting digits of phone numbers. With her clientale in the country and abroad, Dr. Midha remains busy giving solutions on telephone/in person to their simple to complex problems.

I wish here all success in life.

Dr. Jagat Singh (DIG)

I believe that each number is endowed with a certain kind of energy vibrations that vastly affect and decide the way our lives are led. The study of numbers and the power they carry is both an art and a science, while some numerologists are good at the art of numbers, others are adept at the latter but if there is one multi-faceted person who under- stands the depth and reach of numbers, it has to be Dr. Seema Midha.

She is not only a guide and mentor to many, but she is also a pioneer, brining to the country and perhaps to the world, a deeper spiritual and karmic understanding of the numbers people carry with them at all times in the form of their mobile phone numbers.

This is not only a path breaking effort but also a way of brining the science of numbers to the threshold of every person no matter how busy or troubled to make his/her life better.

This book holds the key to real magic-the change that can be brought about by the understanding of numbers and their connection with mobile phones. So, go ahead and unlock the secrets...

Rochie Rana

(writer)

The philosophy behind the book is so simple and when put in use so powerful that it leaves you feeling overwhelmed. It is 'PURE REMEDIES in a life filled with problems and all in your hands...the mobile and the book.

Babita (Artist)

मोबाइल फोन पहली बार अंकविद्या के दायरे में

टैरो, अंक विद्या या न्यूमैरोलाजी, और रैकी, प्राणिक विद्याओं के क्षेत्र में कई नई खोजें और स्थापनाएं सामने आ रही हैं। इनमें ज्यादातर लकीर पीटने की तरह ही हैं। मसलन आर्थिक लाभ, व्यावसायिक सफलता, कैरियर, विवाह, संतान और परिवार आदि के बारे में जिज्ञासा की जाती हैं। उस तरह चलताऊ जवाब भी थमा दिए जाते हैं। मुझे कई टैरो रीडर, अंक शास्त्रियों और ज्योतिषियों के संपर्क में आने का मौका मिला। अक्सर निराशा ही हुई कि उनके पास कहने को नया कुछ नहीं है। डॉ. सीमा मिढ़ा की पुस्तक-मोबाइल नंबर कैन चेन्ज यूअल लाइफ इस धारणा को तोड़ती है।

मोबाइल फोन के नंबर भी व्यक्ति के निजी और व्यावसायिक जीवन को प्रभावित करते हैं, यह स्थापना नई है। ऐसे कई व्यक्ति हैं जिनके फोन नंबरों का उन्होंने विश्लेशण किया और दी कि नंबर बदलें। इससे आपके सलाह जीवन में गुणात्मक परिवर्तन आएगा। एक मित्र से उन्होंने कहा था कि आप जिस नंबर का इस्तेमाल कर रहे हैं, उससे आपका काम साधने के बजाय दूसरों का फायदा ज्यादा हो रहा है। सचमुच उन्हें दूसरों की सिफारिशें ज्यादा करना पड़ता था।

उन्होंने नंबर बदला और वाकई उन्हें फालतू की सिफारिशों और झंझटों से छुटकारा मिल गया। पूरी उम्मीद है कि पुस्तक लोगों के लिए उपयोगी साबित होगी।

ज्योतिर्मय

(वरिष्ठ पत्रकार)

Dear Seema ji,

I am a keen believer of the numero science in my day to day life and this book has uncoiled an entire new world of numbers impact to me. This book is a definite eye opener.

Navneet

(International model)

Dr Seema Midha Ki pustak Mobile Number can change your life ek vyavharik pustak hai. Aaj jahan hum logon ko unke naam se nahi unke mobile number se pehchante hain wahan yeh pustak sahi sambandhon ki or le jaati hai.Anko ke pherbadal se mili sakaratmakta koshisho ko kaamyaab kar sakti hai.....Padhiye aur jaaniye.

Mobile Number can change your life is a user friendly book. In today's time when we recognize people by their mobile numbers, this book leads us to right connections. Positivity, which you get through a slight change in your mobile number can make your efforts worthwhile...read and know for yourself

Jaishree Sethi

(Radio Host)

"Dr. Seema Midha has assimilated her years of experience and knowledge into this book that enlightens us about numerology and fortune. Mobile Number Can Change Your Life offers fresh innovative information and understanding towards the path of recovery, prosperity and well-being. It explicitly foretells the potential gains and losses attribut- able to the numeric digits on the mobile phone. I believe this book will prove beneficial to many readers. It is surely recomme-nded and a must read. Introduce yourself to the world of numbers and be delighted!"

Neelanjana Mitra

(Psychologist)

Dr. Seema Midha is a renowned numerologist and Tarot expert. Her book on "Mobile Number can change your life" should be an eye- opener to the readers. Clairvoyance has been and continues to be an interesting vocation for humans since ages immemorial. I hope the readers would go through the book carefully and decide for themselves what numerology is all about.

Ramesh Parida

Head of News, India TV.

This is the world's most acknowledged and best book ever. It tells us about the hidden power of numbers in our regular life. This book goes with the flow of time and technology. The book makes us aware of the fact that whether the people with whom we share our life are worth the effort or not. It will tell us when to be conscious and when to be careful. These numbers play a very vital role in our lives as it influences us from the very moment when we enter this world and follows us every minute, every day and every year till the end. I wish Dr. Seema Midha all the best for the book and hope that there are many more to come like this from her side.

Aditya Puneet

CEO (Media Solution)

Many congratulations for introducing this unique theory. Must admit that this is a must buy book for every person who believes in the epics of numerology.

Inder Oberoi

(Chairman-Oberoi Group)

After failing 2's to scale, Edmund Hillary challenged Mount Everest "I'll come again and conquer you, because as a mountain you can't grow but as a human being I can. The book is a great help and the message is clear- "come and conquer the toughest hurdles of your life. The book is surely collectors delight. Trust me, with its help you will never go wrong.

Anil Singh

(senior editor star news)

Though I am not very friendly with numbers, I truly enjoyed every bit of this book. Very first in India and a blessed gift to the people around the world.

Yasir Khan

(Star News)

Centuries before, St. Angustin, a professor of rhetoric in Italy and Bishop of Hippo (Algeria) wrote "Numbers are the Universal language offered by the deity to humans as confirmation of the truth." Similar to Pythagoras, he too believed that everything had numerical relationships and it was up to the mind to seek and investigate the secrets of these relationship. Numerology is a respected and ancient science that defines who you are and what your destiny is by using number in a certain way. Numbers can be described as a language intelligence within themselves. Every number has a certain hidden vibration or power that is not expressed by the basic figure or symbol. A person's character can be suitably interpreted by substituting and converting the alphabetical letters of a given birth name to a numerological value code. Not only in India but also in other countries Dr Seema's research work of this ancient science is being recognized. Her advocacy in respect of positive energy and positive attitude toward life is a message to society that one can change even adverse planetary conditions by having positive attitude. Till date her numerological predictions have been a guiding factors for all who meet her. I hope, that her new book on choosing cell phone numbers will also be a new innovation to the readers in India and abroad.

Yogesh Pandey

Add Chief Legal Advisor

ONGC- Videsh

Dear Seema ji and all the readers of mobile numerology, I can't express my happiness in limited words but we all have our limitations to follow. But one thing I want to express about seemaji and divine and scientific knowledge about numbers, colors , signs and alot that her aura and motherly words and touch makes it more impact and serenity. I am wishing seemaji and her cosmic energy alot of new feather in life with this new edition in Hindi of her book MOBILE NUMEROLOGY.

Love And Peace.

Ms.Ekta Tiwari

Actor, Writer, Dance N Drama Teacher, Podcaster, Fitness Freak And Creative Soul.

I have read over 600 books but "Mobile Numerology" by Dr. Seema Midha is really different and transformative. I applied her tips and saw significant positive changes in my life. The book is easy to understand and offers practical advice. It's a must-read for anyone looking to enhance their life through numerology.

Amiett Kumar

Vishav Vikhyat YouTuber and pod caster

आज के समय में हम अपने जीवन की कल्पना मोबाइल फोन के बिना नहीं कर सकते। यह मोबाइल फोन सूचना का भंडार है। लोगों से जुड़ने का एक माध्यम है और बैंकिंग का एक सुलभ साधन है। हमारे जीवन को आसान बनाता है यह मोबाइल। 10 अंकों का यह मोबाइल नंबर हमारे जीवन को प्रभावित करता है। अगर यह मोबाइल नंबर हमारी जन्मतिथि, हमारे ग्रहों के अनुरूप हो तो जीवन में सकारात्मक बदलाव आते हैं। सीमा मिढ़ा जी की यह पुस्तक आपको बताएगी कि किस तरह अपने मोबाइल नंबर के आधार पर आप अपने जीवन की दिशा बदल सकते हैं। सुख शांति और आत्मविश्वास पा सकते हैं| सीमा जी को इस पुस्तक के दूसरे एडिशन की बहुत-बहुत बधाई।

डॉ जयश्री सेठी

स्टोरी-टेलर , एजुकेटर , फाउंडर - स्टोरी घर

WORLD BOOK OF RECORDS

LONDON

CERTIFICATE

Dr. Seema Midha

Ace Numerologist

Gurgaon, Haryana, India

Has been included for penning first ever book on Mobile Numerology "Mobile Number Can Change Your Life" with explanation in Hindi & English language.

INDIA EDITION

UID No. : WIX21940

C. No. - WBR /RC/1452/2024

Date : 12th August 2024

WORLD BOOK OF RECORDS

www.worldbookofrecords.uk

WIX21940

DIGITAL CERTIFICATE

Sunday Hindustan Times

JULY 6, 2008 New Delhi, Metro

MOBILE MANTRA

LUCKY

CELLPHONE

NUMBERS

KEY TO CHANGING

FORTUNES

Vimal Chander Joshi

New Delhi, July 6

Is 'number therapy' the new faith?

CAN A mobile number change your life? Well, you can take a call on that. But businessman Rohit Jhanab, swears a changed number changed his fortunes, he changed his SIM card on the advice of a numerologist, and "things did a complete turnaround".

Ditto, says Niharika Sharma, an engineering student in bangalore. She used to fall ill frequently. When medicationdid no good, she tried the 'number therapy. It worked. "I barely visit my doctor Now," she says.

Cellphone-users are making a beeline for numerologists to get their numbers changed. They also want to know how colours and screensarvers can impact their lives.

Dr. Seema Midha, a Delhi-based numerologist, says she har counselled more than 2,000 people to change their mobile number last year, With elections looming, politicians are a big catchment. "Several BJP leaders in Delhi have changed their cell phone numbers on my advice. One senior MP recently got his number changed, "she says. Her client list, she claims, includes TV actors and corporate honchos. Lokender singh, CEO of Animax India, Zeroed in on his New cell number after a session wiht a numerologist. "It's a matter of faith," he says. Jagmohan Singh Sachdeva, a numerologist at the city-based Internate Science, says the trend is here to stay. It's particularly true for those who are "starting a New business."

vimal.joshi@hindustantimes.com

पुस्तक के विषय में

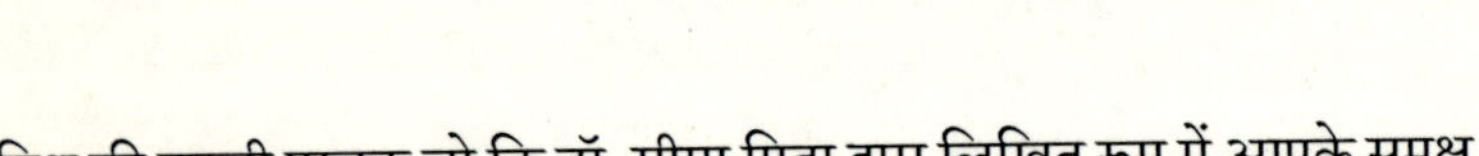

विश्व की पहली पुस्तक जो कि डॉ. सीमा मिढ़ा द्वारा लिखित रूप में आपके समक्ष प्रस्तुत हुई है। कभी आपने सोचा भी नहीं होगा कि मोबाइल नंबर आपके जीवन को किस गहराई से प्रभावित कर सकते हैं।

यदि सभी नंबर ग्रहों के अनुसार अनुकूल रहते हैं तो ठीक; वरना जीवन में उथल-पुथल, तहस-नहस, कोर्ट-कचहरी के झंझट, शारीरिक व्याधियाँ, धनाभाव, संबंधों में रोमांस की कमी, निरुत्साह, अभावग्रस्तता आदि विसंगतियों से जीवन जीना दूभर हो जाता है-और इन सबके कारण हैं- वे अंक, जो आपके मोबाइल फोन में या तो अनुपस्थित होते हैं या अधिक मात्रा में होते हैं।

इस पुस्तक में हम आपको बताएंगे कि कौन-सा अंक आपको किस प्रकार से प्रभावित करता है और कौन-सा अंक आपके लिए उचित है। केवल कुछ अंकों का हेरफेर करके ही आप अपने जीवन को मनचाहे ढंग से संवार सकते हैं।

इस पुस्तक से आप जान सकते हैं-कौन से मोबाइल नंबर आपके लिए लाभदायक हो सकते हैं; नंबरों का आपके जीवन पर कैसा प्रभाव पड़ता है।

क्या कभी आपने सोचा कि मोबाइल नंबर हमारे जीवन में क्या महत्त्व रखते हैं? कौन-सा मोबाइल नंबर हमारे लिए लाभदायक है? इन नंबरों का हमारे जीवन पर कैसा प्रभाव हो सकता है? कौन-सा स्क्रीन सेवर, कौन सी कॉलर ट्यून और किस कलर का हैण्ड सैट हमारे जन्मांक के

अनुसार उपयुक्त है? कौन सा मोबाइल नंबर हमारे जीवन में सुख-शांति, सफलता और समृद्धि ला सकता है?

यदि है कोई आपके जीवन का उद्देश्य, सपने तो वो भी साकार हो सकते हैं क्योंकि इस किताब में प्रस्तुत उन खास अंकों के संयोजन और समायोजन से आप अपने जीवन में वो सब हासिल कर सकते हैं, जो मात्र काल्पनिक था, क्योंकि अंकों का सही चयन मात्र से आप अपने जीवन को बेहतरीन बना सकते हैं।

आशा है, हमारे अन्य प्रकाशनों की भाँति इस पुस्तक का स्वागत भी आप पूरे उत्साह के साथ करेंगे।

प्रकाशक की कलम से...

डॉ. सीमा मिढ़ा ने सामाजिक उत्थान को अपने जीवन में हमेशा प्राथमिकता दी है। प्राकृतिक मान्यताओं में अटूट आस्था व आशावादी सोच रखने वालीं डॉ. सीमा मिढ़ा अन्य सभी से एकदम अलग हैं। उनके आत्मविश्वास और मार्गदर्शन से असंख्य लोगों का जीवन डॉ० सीमा मिढ़ा द्वारा सुधारा गया है। एक जुलाई 1964 को जन्मीं डॉ. सीमा मिढ़ा का जीवन के प्रति हमेशा सकारात्मक रवैया रहा है। बचपन से ही डॉ. सीमा मिढ़ा कुशाग्र रही हैं। शिक्षाशास्त्र में स्नातक के बाद डॉ. मिढ़ा ने मानव विकास (बाल मनोविज्ञान) में परास्नातक की उपाधि अर्जित की, एक आर्मी अधिकारी के साथ वे परिणय सूत्र में बंधीं।

डॉ. मिढ़ा ईश्वर में अपने अडिग विश्वास और अध्यात्म को अपनी आत्मशक्ति का मूल स्रोत मानती हैं और इस शक्ति को वे अपने व्याख्यान एवं विभिन्न पत्रिकाओं में समय-समय पर प्रकाशित होने वाले लेखों के माध्यम से लोगों तक पहुंचा रही हैं।

वे 1999 से इलाज की वैकल्पिक पद्धतियों की कक्षाओं का आयोजन कर रही हैं, साथ ही टैरो कार्ड्स का प्रयोग प्रमुख रूप से करती हैं। जिनसे वे उनके पास आने वाले लोगों की हर संभव मदद कर पाएं, वे कितने ही ऐसे व्यक्तियों की ऊर्जा स्रोत रही हैं, जो जीवन से हार चुके थे। डॉ. मिढ़ा ने उन्हें फिर से रोशनी की नई किरण दिखाई, मनोबल को अपने सरल-सहज परामर्श से शक्ति प्रदान की।

इसी दौरान टी.वी. कार्यक्रमों के जरिए भी वे लगातार लोगों के बीच लोकप्रिय होती गईं, इनके विभिन्न कार्यक्रमों Seema's Solutions through the magic of Tarot Card's और Seema's Tarot Help Line ने दर्शकों के बीच अपनी विशिष्ट पहचान बनाई है। ये

कार्यक्रम लगभग 375 एपिसोड पूरे कर चुके हैं, डॉ. मिढ़ा ने 2007 में हुए 'विश्व कप' पर भी भविष्यवाणी की थी। डॉ. सीमा मिढ़ा हर रोज रेडियो कार्यक्रम 104.8 FM (meow) व पांच सितारा होटल में सेवाएं, भारत के नंबर-1 चैनलों पर कार्यक्रम, astroyogi.com, ibibo.com, indiatimes.com पर नियमित रूप से अपनी टैरो सेवाएं उपलब्ध करा रही हैं, और इसी के साथ उन्होंने अपना एक विशिष्ट Mystical Tarot Deck भी डिजाइन कराया है। विशेषतः उन व्यक्तियों के लिए जो समस्याग्रस्त लोगों की मदद करना चाहते हैं, अपनी सलाह उन तक इसके माध्यम से पहुँचा सकते हैं। डॉ. मिढ़ा को वैकल्पिक चिकित्सा के क्षेत्र में अपने अमूल्य योगदान के लिए 'डाक्टरेट' की उपाधि भी मिली है। वैकल्पिक चिकित्सा क्षेत्र में 'The Indian Board of Alternative Medicines' से स्वर्ण पदक मिल चुका है और 31 मई 2007 को भारत निर्माण अवार्ड से भी नवाजा गया।

2007 से लेकर वर्तमान समय तक अतिविशिष्ट 150 से अधिक अवार्ड से सम्मानित डॉ. सीमा मिढ़ा की अति विलक्षण प्रस्तुति है- यह मोबाइल न्यूमेरोलॉजी।

क्या आपका मोबाइल नंबर भी आपके जीवन पर प्रभाव डालने की क्षमता रखता है? इसका जवाब है डॉ. मिढ़ा के पास। अंक विज्ञान की महारथी और टैरो ज्ञानी डॉ. मिढ़ा अब एक और विधा की प्रणेता बनी हैं, ये है मोबाइल नंबर का जीवन पर प्रभाव। शायद सुनने वालों को यह बात हैरान कर दे, किन्तु डॉ. मिढ़ा का दावा है कि वे मोबाइल नंबर से व्यक्ति के जीवन में होने वाली परिघटनाओं का आकलन सहज ही कर लेती हैं और अंकशास्त्र की मदद से उनका निवारण करती हैं। डॉ. मिढ़ा के पास समस्या लेकर आने वालों की सूची बेहद लम्बी है। लोग जीवन, रिश्तों, व्यवसाय, कैरियर, स्वास्थ्य, समृद्धि से जुड़े तमाम सवालों के जवाब उनसे जानना चाहते हैं, यहां तक कि उनके कुछ कहने से पहले ही डॉ. मिढ़ा उनकी समस्याओं के बारे में बता देती हैं।

हालाँकि डॉ. मिढ़ा के संपर्क में आने वाले व्यक्ति अपने भीतर की एक अनंत दैवीय शक्ति को महसूस करते आए हैं, किन्तु डॉ. मिढ़ा अपनी सरल मुस्कान से इसे सिर्फ उनके प्रेम के रूप में देखती हैं, वे कहती हैं कि यह कोई चमत्कार कतई नहीं, वरन् एक ब्रह्मांडीय ज्ञान है, वे जिसकी प्रणेता और माध्यम हैं।

वे इसका सारा श्रेय साईं बाबा को देती हैं जिनकी वे अनुमार्गी/अनुयायी हैं। डॉ. मिढ़ा अपने सारे ज्ञान को साईं की देन, उनके दैविक आशीर्वाद के रूप में देखती हैं। अंक हमारे ग्रहों की भांति वृह्द रूप से हमारे जीवन पर प्रभाव डालते हैं और जीवन के प्रत्येक क्षेत्र पर इनका अच्छा

सकारात्मक या नकारात्मक प्रभाव पड़ सकता है। मोबाइल तकनीक आज सम्पूर्ण व्यक्तित्व, व्यक्तिगत जीवन-संबंध और व्यवसाय से सीधी जुड़ी हुई मानी जानी चाहिए। यदि आपका मोबाइल नंबर अंकशास्त्र के मुताबिक सही नहीं है तो उसका प्रभाव पड़ेगा ही। यदि आप सही नंबर चुनते हैं या नंबर बदल लेते हैं तो उस समस्या का निवारण तुरंत हो जाता है।

डॉ. सीमा मिढ़ा अभी तक इस विलक्षण पद्धति का प्रयोग करने वाली एकमात्र विशेषज्ञ हैं, जो इसे एक कल्याणकारी उपचार-पद्धति के रूप में जन-जन तक पहुँचाने के लिए कृतसंकल्प हैं।

आभार

सबसे पहले मैं उनकी आभारी हूँ जो नई तकनीक लाते हैं व मोबाइल का उपयोग करने वाले उन सभी लोगों की जिनकी वजह से मुझे इस तरह की पुस्तक लिखने की प्रेरणा मिली। सिलसिला कुछ यूँ शुरू हुआ, जब से टेलिविजन कार्यक्रम में मैंने अपने नंबर दिये, तो हर रोज कॉल आये और तब गौर फरमाया कि नंबरों का यह आँकड़ा जरा-सा भी गलत हो तो यह बेमेल समायोजन आपके जीवन को तहस-नहस करता है।

अब आप समझ गए होंगे कि नंबर किस तरह आपके जीवन को प्रभावित करते हैं।

→ मैं आभारी हूँ उन सभी कॉलर्स की जिन्होंने अपनी समस्या के समाधान के लिए मुझे कॉल किया और यह पुस्तक लिखने के लिए प्रेरित किया।

→ धन्यवाद अपने पति व बच्चों का जो मेरी इस प्रेरणा में हमेशा मेरे साथ रहे।

→ धन्यवाद माता-पिता का जिन्होंने मुझे जन्म दिया व संस्कार दिये।

→ धन्यवाद अपने गुरु श्री साईं बाबा का जो मुझे आशीर्वाद देते रहे व सद्बुद्धि से लोगों की सहायता के लिए प्रेरणा देते रहे।

→ अंत में इंडिका पब्लिशर्स का धन्यवाद जिन्होंने इस नवीनतम विषय पर मुझे कलम चलाने के लिए प्रेरित किया।।

अंको की इस दुनिया में नई प्रस्तुति के साथ, असंख्य लोगों के मोबाइल नंबर बदलने के लिए परामर्श देने के बाद डॉ- मिढ़ा एक बार फिर 18 वर्ष के अनुभव के बाद एक नया संस्करण आपके लिए लेकर आई हैं,

जिससे आप अपने लिए अपना लकी मोबाइल नंबर चुन पायेंगे। जिन लोगों ने भी परामर्श लिया है वह लोग आज सफलता की ऊँचाइयों पर हैं व अपने उद्देश्यो की तरफ पूरी तरह से समर्पित आगे बढ़ रहे हैं। समृद्ध जीवन जी रहे हैं व उनका इस थैरपी पर अटूट विश्वास है। आज के इन डिजीटल युग में यह जरूरी हो गया है कि आप जो भी अपने काम में, रिश्तों में अपने कार्य कुशलता को बढ़ाने के लिए इस्तेमाल जो नंबर कर रहे हैं वो आपके जन्मतिथि अन्य से सही तरह से संयोजन में हो और ये इसलिए भी आवश्यक है क्योंकि आज युग बदल चुका है और आज के इस डिजिटल युग में बड़ी से बड़ी खरीदफरोख या व्यक्तिगत या व्यवसायी रूप में मोबाइल का प्रयोग दिन-प्रतिदिन बढ़ता जा रहा है और आप अपने जीवन में महत्त्वपूर्ण फैसले भी मोबाइल से करते है।

जब यह प्रणाली इतनी महत्त्वपूर्ण है आपके जीवन में तो मोबाइल नंबर का सही संतुलन भी आवश्यक है और अगर आप अपनी जिन्दगी चमत्कार देखना चाहते हैं तो मोबाइल न्यूमेरोलॉजी की इस नई तकनीक को अपने जीवन में लाकर क्रान्तिकारी बदलाव ला सकते हैं।

मैं तहे दिल से शुक्रिया करना चाहती हूँ प्रभाकर प्रकाशन का मेरे इस नये संस्करण को लाने में सहयोग देने के लिए।

डॉ० सीमा मिढ़ा

अनुक्रम

भूमिका

आपके मकान का नंबर क्या है? आपकी कार का नंबर क्या है? आपके मोबाइल का नंबर क्या है? क्या कभी आपने इस बात पर विचार किया कि आपको यही नंबर क्यों मिले हैं? या इन नंबरों से आपका क्या रिश्ता है? क्या ये आपके जीवन को प्रभावित करते हैं? आइए इन सब प्रश्नों के जवाब तलाश करने की कोशिश करते हैं। साधारण व्यक्ति जब कोई चीज खरीदने जाता है तब जो चीज उसे सबसे ज्यादा आकर्षित करती है, वह उसी पर हाथ रखता है बाकी कुछ नहीं सोचता; ठीक उसी प्रकार जैसे कि जन्म कब होगा? मृत्यु कब होगी? क्या उथल-पुथल तहस-नहस होगी? यह सब हम अनजाने में भी नहीं सोच पाते? और यह तो शायद उन्होंने भी नहीं सोचा होगा, जिन्होंने इस तकनीक को विकसित किया कि यह हर व्यक्ति के व्यक्तित्व को इस प्रकार प्रभावित करेगी। इनसे किस तरह किसी व्यक्ति का जीवन प्रभावित होगा है या बदलेगा।

यहाँ हम किसी घटनाक्रम की बात नहीं कर रहे-हम बात कर रहे हैं एक आम इंसान की, व्यक्ति के जीवन के प्राथमिक पहलू की।

कुछ चीजें हम जन्मांक के साथ या जन्म के साथ में लेकर आते हैं तथा कुछ चीजें हमें जन्म लेने के बाद यहाँ मिलती हैं। उनको साथ-साथ रखकर हम अपने जीवन की उलझी हुई पहेली को हल कर सकते हैं। व इनमें कुछ परिवर्तन कर दिया जाये तो बहुत कुछ अच्छा भी हो सकता है। अंकों की बात करें तो आपका जन्मांक हमेशा आपके साथ रहता है। हर कागज में, हर प्रमाणपत्र में वह आपकी पहचान व व्यक्तित्व निर्माण करता है, ठीक उसी प्रकार जैसे आपका नाम आपके जीवन को सजाता-संवारता है। आपके नाम के साथ आपके हस्ताक्षर, आपकी कम्पनी का नाम, आपका घर नंबर, आपके वातावरण में जो व्यक्ति आपके साथ रहते हैं वे; उनके नम्बर आपको हमेशा प्रभावित करते हैं।

आपने देखा होगा कि कभी दो व्यक्ति एक जैसे नहीं होते। दरअसल बाहरी और भीतरी व्यक्तित्व बहुत सारे प्रभावों से बनकर तैयार होता है।

यहाँ हम किसी घटना या भविष्यवाणी की बात नहीं कर रहे, यहाँ आपके जीवन में आपके व्यक्तित्व को प्रभावित करने वाले कारकों की बात कर रहे हैं।

और आज के युग की सबसे नई व क्रांतिकारी संचार तकनीक मोबाइल तकनीक मोबाइल फोन भी व्यक्तित्व को प्रभावित करने वाला प्रमुख कारक है।

हम आपको आज कुछ अनोखे और एक महत्त्वपूर्ण पहलू के प्रति जागरूक करने जा रहे हैं, वह है आपका मोबाइल फोन का नंबर। चाहे वह किसी भी कम्पनी को हो, कोई भी हैंडसेट आप इस्तेमाल कर रहे हों लेकिन शायद आपने यह कभी नहीं सोचा होगा कि मोबाइल नंबर कर सकता है आपके जीवन में चमत्कार! जी हाँ, या मोबाइल नंबर ला सकता है आपके जीवन में बहार या दिला सकता है आपको यश-कीर्ति या दिला सकता है आपको धोखे, दुःख, दुर्घटनाएं! इसलिए हो जाइये सावधान?

बिल्कुल ठीक! आपको सावधान करने के लिए इस पर हम पूरी जानकारी देंगे कि क्यों है आपके पास यह नंबर? क्यों आप ही को मिला यह नंबर? क्यों आपके भाग्य को चार चाँद लगवा सकता है यह नंबर? या कहीं कानूनी दाव-पेंचों में फँसवा सकता है यह नंबर? या कहीं राजनीति तो नहीं करवा रहा आपका नंबर? आप पर या फिर यूँ कहें कि आपके व्यक्तित्व पर पूरा असर डालता है यह नंबर।

अनेक मोबाइल व फोन नंबरों और उनसे जुड़े हुए व्यक्तियों के जीवन के प्रत्येक पहलू को बारीकी से जाँचने-परखने के बाद मैंने उस ज्ञान को जनसामान्य तक पहुँचाने के उद्देश्य से इस पुस्तक की रचना की है। इसमें मोबाइल नंबर और उसके चयन के विभिन्न पहलुओं पर व्यापक प्रकाश डाला गया है, जिसका अनुसरण हमारे सुधि पाठकों को अवश्य ही लाभांवित करेगा और उनके जीवन को सुख, शांति और संतोष से भर देगा। इसी कामना के साथ....!

जैसा कि आप जानते हैं वक्त बदलता जा रहा है इस बदलते परिवेश में हमें भी वक्त के साथ बदलना चाहिये। आप में से कई लोगों का सवाल रहा है कि क्या हो जायेगा नंबर बदलकर तो इसका उत्तर है हम सभी ऊर्जा हैं। थोड़ा आस पास में बदलाव हमारी उर्जा को बढ़ा को बढ़ा और घटा तो सकता है। बहुत से लोग अतिरिक्त धन देकर वी.आई.पी. नंबर लेते हैं। मेरे एक नंबर की अधिकता नंबर को आसान बनाने हेतु और रीदम में लाने हेतु। या याद रहेगा नंबर एक ही पुर्नावृत्ति को ले लेते हैं। यह ठीक उसी तरह जैसे चाय में हर रोज चार चम्मच चीनी लेना ना

तो आपका केवल स्वास्थ्य खराब करता है। बल्कि आपने जीवन के बहुत पहलूओं पर असर डालता है।

आज हम हर क्षेत्र में पढ़ाई। व्यापार में लेनदेन से या ऑनलाइन खरीदारी में हर समय अपने मोबाइल का इस्तेमाल करते हैं। आपकी एक विशिष्ट पहचान पासवर्ड है आपका मोबाइल नंबर। यदि हर दस साल में अपनी उपलब्धियों का अन्वेषण करना चाहें तो जरूर करें। कहीं समस्याओं की जड़ आपका मोबाइल नंबर तो नहीं। तो गौर फरमाएं अपने नंबर को और सही समायोजन मे लाकर अपनी जिन्दगी को बेहतरीन बना सकते हैं।

डॉ० सीमा मिढ़ा

नंबरों का परिचय

जीवन में मोबाइल नंबर की महत्ता जानने से पहले नंबरों व उनके महत्व के बारे में जानना आवश्यक है। यह भी जानना आवश्यक है कि इन नंबरों का आप पर क्या प्रभाव होता है। आप जन्म के समय क्या नंबर लेकर आते हैं और ये किस तरह आपके व्यक्तित्व निर्माण में सहायक हैं और यदि आप किसी अंक को अपने साथ रखते हैं तो उसका क्या प्रभाव होता है। यह नंबर आपके नाम का हो सकता है, आपके घर का, आपकी गाड़ी का भी हो सकता है परन्तु घर का नंबर जिसके भी नाम पर होता है, उसको प्रभावित करता है या उसके परिवार को भी प्रभावित करता है।

आज तकनीक का विकास हमें जरूर अवगत करता है कि कोई भी नंबर आप जो इस्तेमाल करते हैं वह आपकी दुनिया अवश्य बदल सकता है और विशेषकर वह नंबर जो आज हर व्यक्ति के पास होता है।

पहले एक लैंड लाइन नंबर होता था, सभी लोग उसी से ही फोन पर बात करते थे। आज स्कूल के बच्चे से लेकर एक रिक्शावाला, रद्दीवाला या कोई भी बहुत बड़ा व्यापारी हो, सबके पास यह मोबाइल अवश्य होता है व लगभग एक लाख से ज्यादा लोगों के मोबाइल नंबर व उनकी समस्याओं का लेखा-जोखा करने के बाद यह नतीजे जरूर पाये गये कि जैसा जिसका मोबाइल नंबर था उस व्यक्ति का वैसा व्यक्तित्व, वैसी समस्याएं या वैसी आदतें पायी गई।

यदि आपको विशेषकर नंबर की पावर का ज्ञान हो तो आप स्वयं भी मोबाइल नंबर लेने के समय आसानी से जान सकते हैं कि आपके पास क्या नंबर आपकी जन्मतिथि में नहीं है व आप नंबरों की आपूर्ति अपने मोबाइल नंबर में कर आसानी से सामंजस्य बना सकते हैं।

आइये जानते हैं आपकी जन्मतिथि में एक से लेकर नौ तक अंकों का महत्त्व।

आपके लिये...........

जन्मांक 1 का फलादेश

यदि आपका नंबर एक है या आपकी जन्मतिथि 1, 10, 19, 28 है तो आपके अंक का स्वामी सूर्य है। आप अपने विचारों में अधिक स्वतंत्र, पूर्णतः मौलिक तथा इच्छाओं में रचनात्मक होते हैं। जब तक अजीबोगरीब परिस्थितियां उत्पन्न नहीं होतीं आपको सफलता नहीं मिलती। जीवन भर सफलता में देरी रहती है लेकिन आपको पूरा विश्वास होता है कि अंत में आपको सफलता मिलेगी। आप अत्यंत विचारशील तथा गंभीर प्रकृति के होते हैं, जो कार्य हाथ में लेते हैं उसे अवश्य पूरा करते हैं। आप निश्चित रूप से महत्त्वाकांक्षी होते हैं व अपने साथियों व परिवार जनों से आगे निकल जाते हैं। आपके मार्ग में कई बाधाएं या कष्ट आ सकते हैं।

आप अपने धैर्य व दृढ़ निश्चय से सभी कठिनाइयों पर विजय हासिल कर पाते हैं। दूसरों के विचारों द्वारा भी अंक एक के व्यक्ति प्रभावित नहीं होते। आपकी योजनाएं उद्देश्यपूर्ण अवश्य होती हैं। कठिनाइयों से कभी आपके उत्साह में कमी नहीं आती। आप काफी दयालु प्रवृत्ति के होते हैं परन्तु यदि आप को कोई छेड़े तो स्वाभिमानी होते हैं। आपको क्रोध जल्दी आ जाता है।

आर्थिक मामलों में अंक एक के व्यक्ति मितव्ययी होते हैं तथा व्यापार या उद्योग में निवेश करते हुए अवश्य सावधानी बरतते हैं व इसके परिणाम आपको अवश्य अच्छे मिलते हैं। जीवन में आने वाले किसी भी अवसर का आप सदुपयोग करते हैं। चाहे जैसी भी स्थिति हो आप स्थिति का पूरा लाभ उठाने की कोशिश करते हैं।

विशेषकर कोई भी क्षेत्र जिसमें आप लाइम लाइट में आयें, उसमें आपका चुम्बकीय प्रभाव रहता है। साथ ही आप जीवन भर अलग-अलग समय पर अलग-अलग विवादों से घिर सकते हैं।

आपको याद रखना है, आपको अचानक कोई लाभ मिल सकता है। किसी जमीन-जायदाद के मामले में लॉटरी खुल सकती है। अजनबी व्यक्तियों को मित्र बनाने से न डरें

क्योंकि उनसे भी आपको आर्थिक लाभ हो सकता है। विशेषकर विपरीत लिंग के लोगों के साथ परिचय करने से आपको लाभ हो सकता है। आप भाग्यशाली, महान, विचारक, आलोचक तथा विश्लेषक हैं। कानून, शिक्षा, चिकित्सा व योजना संबंधी व्यवसायों में आप उच्च स्तरीय सफलता पा सकते हैं। दार्शनिक के रूप में भी आप प्रसिद्धि पा सकते हैं। आपके जीवन में छोटी-मोटी आर्थिक अस्थिरता आ सकती है। पारिवारिक व अन्य जिम्मेवारियों के बावजूद आपके आर्थिक स्तर में कोई खास अंतर नहीं पड़ता। दिखाया करने की आपकी इच्छा व फिजूलखर्ची आपको विविध बैंक खातों के लाभ से रोक सकती है। आप अपना जीवन ठाट-बाट से जीते हैं फिर भी संकट काल के लिए भी आपके पास पर्याप्त धन होता है। अपने लक्ष्य तक पहुँचने के लिए 28 वर्ष की आयु तक अवश्य संघर्ष करना पड़ सकता है। इसके बाद आपकी आर्थिक संपत्ति बढ़ेगी और आपकी संपन्नता व सफलता मिलेगी। पैतृक संबंधों के कारण आपको सरकारी लाभ होंगे।

आपको अवश्य ध्यान रखना है-

अंक	एक
स्वामी	सूर्य
शुभ दिन	रविवार, सोमवार, गुरुवार
सर्वश्रेष्ठ दिन	रविवार
शुभ अंक	1, 2, 3, 9
अशुभ अंक	4, 6, 8
शुभ दिशा	उत्तर पूर्व, उत्तर पश्चिम, पश्चिम
शुभ रंग	नारंगी, पीला, सुनहरी

आइये जानते हैं, कुछ एक जानी-मानी हस्तियों के उदाहरण के साथ-

नाम	जन्मतिथि
श्रीमती इंदिरा गांधी	19 नवम्बर 1917
सुष्मिता सेन	19 नवम्बर 1975
लता मंगेशकर	28 सितम्बर 1929
धीरूभाई अंबानी	28 दिसम्बर 1932
मुकेश अंबानी	19 अप्रैल 1957
रणबीर कपूर	28 सितम्बर 1982
ऋतिक रोशन	10 जनवरी 1974
ऐश्वर्या राय	1 नवम्बर 1973
बिल गेट्स	28 अक्टूबर 1955
सुनीता विलियम्स	19 सितम्बर 1965

आपके लिये..........

जल्दी ही निराश व दुखी भी हो जाते हैं व बहुत जल्दी धैर्य खो देते हैं। आप जरूरत से ज्यादा काम भी करते हैं। काम में पूरी तरह से अपनी क्षमताओं का प्रयोग भी करते हैं जिससे कभी-कभी मन-मुताबिक नतीजे नहीं मिलने; पर आप अपना मानसिक संतुलन भी खो बैठते हैं। आप धन को मानवीय अंत का साधन मानते हैं, इतना महत्व नहीं देते। यह भी भरोसा करते हैं कि आप अपनी बुद्धि से मनचाहा कमा सकते हैं। आप इससे ऊपर उठना चाहते हैं।

आप अपनी वास्तविक स्थिति से ज्यादा धनी समझे जाते हैं। किसी की इच्छा को ठुकराना आपके संवेदनशील स्वभाव को कष्ट पहुंचाता है। आप अपना स्तर बनाये रखने के लिए कुछ भी कर सकते हैं। कभी-कभी दूसरों पर अत्यधिक निर्भर भी होते हैं बावजूद इसके आप स्वाभाविक रूप से धन के मामले में सावधान रहते हैं। आप एक विशिष्ट प्रकार के आहार व रहन-सहन पर

यकीन करते हैं जो आपके लिए काफी अच्छा है। अपने वातावरण में अपने चुम्बकीय प्रभाव को बढ़ाने तथा स्वयं को अधिक भाग्यशाली बनाने के लिए आपको चंद्रमा के रंगों वाले कपड़े, जैसे-सफेद, क्रीम, हल्के हरे व गुलाबी रंग के कपड़े पहनने चाहिये।

आर्थिक दृष्टि से यह अंक ज्यादा अच्छा नहीं है। आपके आर्थिक स्तर में अस्थिरता आ सकती है। आप अनुचित तरीकों जैसे-जुए या सट्टे द्वारा धन कमाना चाहते हैं, जिसके अच्छे परिणाम हो सकते हैं लेकिन धन आपके हाथ से फिर निकल सकता है। आप लोकप्रिय व सामाजिक रूप से माननीय होंगे। आप एक हद तक खर्चीले होते हैं तथा पैसे को प्राचीन वस्तुओं, विज्ञानकोष पर खर्चना चाहते हैं या अपने संगी-संबंधियों की सहायता तथा धर्मार्थ कार्यों में इसका सही सदुपयोग करते हैं।

जुए, सट्टेबाजी, शीघ्र-अतिशीघ्र धनी होने से अवश्य बचें। आर्थिक प्रबंधन के लिए आपको धीरे-धीरे उन्नति के मार्ग पर चलकर खुश रहना चाहिये। आयात-निर्यात सामान की आवाजाही, व्यापार, राजनीति एवं व्यवसाय भी आपके लिए अच्छे हैं। मोहक व्यक्तित्व के कारण आप जनसंपर्क के कार्यों में सरलता से धन कमा सकते हैं। आपको अवश्य याद रखना है-

जन्मांक 2 का फलादेश

आपकी जन्मतिथि 2, 11, 20, 29 है तो आपका अंक है दो, स्वामी है चंद्रमा। यदि कोई कार्य आपकी इच्छानुसार न हो तो आप निराश हो जाते हैं, भावुक्ता रहती है व भावनाओं का प्रभाव दबा दबा रहता है। निर्णय करने में असमंजस में रहते हैं या बहुत जल्दबाजी में अपनी धारणा बना लेते हैं व अपने तक सीमित हो जाते हैं तथा दूसरों के विरोध या कठोर आघात को सहते हैं। आप अत्यन्त संवेदनशील होते हैं, आसानी से आहत हो जाते हैं।

काफी कल्पनाशील दुनिया में रहते हैं आप उच्च पदों के दिव्य स्वप्न भी देखते हैं। आपकी लालसा उन्हें पाने के लिए आप पर हमेशा जोर डालती है। यदि आप आत्मविश्वास बढ़ायें तो आप अपने सभी सपनों को अवश्य हकीकत में बदल सकते हैं। अपनी क्षमताओं में निखार लाने के लिए आपको हमेशा प्रोत्साहन की आवश्यकता रहती है। यदि परिस्थितिवश आप बंध जायें व नतीजे न कर पायें तो जल्दी ही निराश व दुखी भी हो जाते हैं व बहुत जल्दी धैर्य खो देते हैं।

आप जरूरत से ज्यादा काम भी करते हैं। काम में पूरी तरह से अपनी क्षमताओं का प्रयोग भी करते हैं जिससे कभी-कभी मन-मुताबिक नतीजे नहीं मिलने; पर आप अपना मानसिक संतुलन भी खो बैठते हैं। आप धन को मानवीय अंत का साधन मानते हैं, इतना महत्व नहीं देते। यह भी भरोसा करते हैं कि आप अपनी बुद्धि से मनचाहा कमा सकते हैं। आप इससे ऊपर उठना चाहते हैं। आप अपनी वास्तविक स्थिति से ज्यादा धनी समझे जाते हैं। किसी की इच्छा को ठुकराना आपके संवेदनशील स्वभाव को कष्ट पहुंचाता है।

आप अपना स्तर बनाये रखने के लिए कुछ भी कर सकते हैं। कभी-कभी दूसरों पर अत्यधिक निर्भर भी होते हैं बावजूद इसके आप स्वाभाविक रूप से धन के मामले में सावधान रहते हैं। आप एक विशिष्ट प्रकार के आहार व रहन-सहन पर यकीन करते हैं जो आपके लिए काफी अच्छा है। अपने

वातावरण में अपने चुम्बकीय प्रभाव को बढ़ाने तथा स्वयं को अधिक भाग्यशाली बनाने के लिए आपको चंद्रमा के रंगों वाले कपड़े, जैसे सफेद, क्रीम, हल्के हरे व गुलाबी रंग के कपड़े पहनने चाहिये।

आर्थिक दृष्टि से यह अंक ज्यादा अच्छा नहीं है। आपके आर्थिक स्तर में अस्थिरता आ सकती है। आप अनुचित तरीकों जैसे-जुए या सट्टे द्वारा धन कमाना चाहते हैं, जिसके अच्छे परिणाम हो सकते हैं लेकिन धन आपके हाथ से फिर निकल सकता है। आप लोकप्रिय व सामाजिक रूप से माननीय होंगे। आप एक हद तक खर्चीले होते हैं तथा पैसे को प्राचीन वस्तुओं, विज्ञानकोष पर खर्चना चाहते हैं या अपने संगी-संबंधियों की सहायता तथा धर्मार्थ कार्यों में इसका सही सदुपयोग करते हैं।

जुए, सट्टेबाजी, शीघ्र-अतिशीघ्र धनी होने से अवश्य बचें। आर्थिक प्रबंधन के लिए आपको धीरे-धीरे उन्नति के मार्ग पर चलकर खुश रहना चाहिये। आयात-निर्यात सामान की आवाजाही, व्यापार, राजनीति एवं व्यवसाय भी आपके लिए अच्छे हैं। मोहक व्यक्तित्व के कारण आप जनसंपर्क के कार्यों में सरलता से धन कमा सकते हैं। आपको अवश्य याद रखना है-

अंक	दो
स्वामी	चंद्रमा
शुभ दिन	सोमवार, मंगलवार, शुक्रवार
सर्वश्रेष्ठ दिन	सोमवार
शुभ अंक	1, 2, 3, 7
अशुभ अंक	4,5
शुभ दिशा	दक्षिण पश्चिम
शुभ रंग	सफेद, क्रीम, हल्का नीला

आइये जानते हैं, कुछ एक जानी-मानी हस्तियों के उदाहरण के साथ-

नाम	जन्मतिथि
अमिताभ बच्चन	11 अक्टूबर 1942
शाहरूख खान	2 नवम्बर 1965
महात्मा गांधी	2 अक्टूबर 1869
राघव चड्ढा	11 नवंबर 1988
एडोल्फ़ हिटलर	20 अप्रैल 1889
थॉमस एल्वा एडिसन	11 फरवरी 1847
कपिल शर्मा	2 अप्रैल 1981
राजेश खन्ना	29 दिसंबर 1942
संजय दत्त	29 जुलाई 1959
राजीव गांधी	20 अगस्त 1944
ओशो	11 दिसम्बर 1931
जो बिडेन	20 नवंबर 1942
अजय देवगन	2 अप्रैल 1969

आपके लिये...........

जन्मांक 3 का फलादेश

यदि आपका जन्मदिन 3, 12, 21, 30 है तो आपका स्वामी है बृहस्पति। आप जो भी कार्य करते हैं उससे उच्च अभिलाषा रखते हैं। जीवन में भरपूर यत्नों से आप उच्च पदवी पाते हैं तथा अपने दृढ़ निश्चय से सफल होते हैं। व्यवसाय में आपको काफी ईर्ष्या व विरोध का सामना करना पड़ता है। आपके कई शत्रु बन जाते हैं। आप हर तरह के लोगों के साथ अच्छा काम कर सकते हैं। अपने स्तर व ओहदे से आप दूसरों पर अपना रोब डाल सकते हैं।

आप नियमों, कायदों की परवाह नहीं करते परन्तु अपने विचारों के पक्के होते हैं। वैवाहिक जीवन में भी आप तभी खुश रहते हैं जब आपका साथी आपको ज्यादा बुद्धिमान समझे। आपके पास रचनात्मक बुद्धि भरपूर है। आपको अपने विचारानुसार मेहनत करनी चाहिये। दूसरों पर भरोसा नहीं करेंगे, आप दूसरों को साथ लेकर चलने की आदत, दूसरों की मदद करने की तीव्र इच्छा रखते हैं।

इसलिए व्यक्ति विशेष की अपेक्षा आप जनकल्याण के लिए काम करते हैं जिसके फलस्वरूप आप शत्रुओं की नफरत व द्वेष का कारण बन जाते हैं। किसी समय आपको इन लोगों से खतरा भी हो सकता है। किसी भी कार्य में आपको पूर्ण रूप से उलझना नहीं चाहिए। इसकी वजह से जीवन में कई बार आप पूरी तरह से मानसिक रूप से विक्षिप्तता का शिकार हो सकते हैं। अपनी योजनाओं व इच्छाओं की पूर्ति के लिए आप भारी मात्रा में पैसा लगाते हैं। अपनी योजनाओं को लागू करने से आपको ज्यादा खतरा होता है क्योंकि सही जानकारी न होने के कारण आपके शत्रु आपको धोखा दे सकते हैं। आप सफलता की आशा करते हैं बशर्ते कि व्यक्तिगत लाभ के लिए न हो इससे आप और अधिक प्रेरित होते हैं।

स्वस्थ शरीर के मालिक होते हुए भी लगातार मानसिक दबाव व अत्यधिक श्रम के कारण आप अपना स्वास्थ्य खराब कर लेते हैं। अपनी औसत आयु जीने के लिए आपको स्वास्थ्य के प्रति लापरवाही नहीं बरतनी चाहिए। आर्थिक दृष्टि से आपको सौभाग्य से धन व आर्थिक लाभ होता है। आप महत्त्वाकांक्षी होते हैं। सुदृढ़ संगठनों से धन कमाना चाहते हैं। आप मेहनती, निडर व साहसी होते हैं।

बहादुरी के कार्यों से अपने जीवन को जोखिम में डालना अच्छा लगता है। निवेश तथा साझेदारी में आप सोच-विचार नहीं करते। जिससे की आपको आर्थिक तंगी हो सकती है लेकिन साझेदारी फर्म के प्रबंधन व पैसों के मामले में आप तुलनात्मक रूप से ज्यादा सुरक्षित रह सकते हैं। उद्योग, खनन, भूमि, यातायात, सेवा क्षेत्र आपके लिए ठीक है। यदि आप घनी हो जाते हैं तो धर्मार्थ कार्यों के लिए दिल खोल कर दान दे सकते हैं। आपको याद रखना है-

अंक	तीन
स्वामी	बृहस्पति
शुभ दिन	गुरुवार, शुक्रवार, मंगलवार
सर्वश्रेष्ठ दिन	गुरुवार
शुभ अंक	1, 2, 3, 9
अशुभ अंक	5, 6
शुभ दिशा	उत्तर पूर्व
शुभ रंग	शुभ रंग पीला, हरा, बैंगनी

आइये जानते हैं, कुछ एक जानी-मानी हस्तियों के उदाहरण के साथ-

नाम	**जन्मतिथि**
रजनीकांत	12 दिसम्बर 1950
रानी एलिज़ाबेथ	21 अप्रैल, 1926
सद्गुरु जगदीश वासुदेव	03 सितंबर 1957
प्रियंका गांधी	12 जनवरी 1972
बेनज़ीर भुट्टो	21 जून 1953
रानी मुखर्जी	21 मार्च 1978
करीना कपूर	21 सितम्बर 1980
बिलावल भुट्टो	21 सितंबर 1988

आपके लिये..........

जन्मांक 4 का फलादेश

यदि आपकी जन्मतिथि 4, 13, 22, 31 है तो आपका स्वामी राहु है। आप मौलिक विचारों के होते हैं। आप दृढ़ चरित्र के स्वामी होते हैं। आप दूसरों के विचारों के आगे झुकते नहीं हैं व आप कभी दूसरों के साथ समझौता नहीं करते, जिनके साथ आपको मजबूरन रहना पड़ता हो। घरेलू बंधनों व वैवाहिक जीवन आपका कठिन होता है। अपने काम में आप गलत माने जाते हैं।

आप अपने आपको अकेला समझने लगते हैं। आप सोच-विचार इतनी दूर तक सोच के करना चाहेंगे जो अव्यावहारिक लगने लगेगा। अपनी योजनाओं को अमल में लाने के लिए आपको अपना रास्ता खुद बनाना होगा। विरोधियों द्वारा आपकी इच्छाओं को दबा दिया जायेगा। आप गंभीर स्वभाव के होते हैं। इसे छुपाने के लिए आप जीवन के उतार-चढ़ाव तथा भाग्य पर हँसने का झूठा बहाना करते हैं।

आप अन्तःकरण से भाग्यवादी होते हैं। वास्तव में जीवन के मंच पर आप अच्छाई-बुराई के लिए अपनी भूमिका निभा रहे हैं। कोई अनहोनी हो सकती है। आपके द्वारा पैसा कमाया जायेगा परन्तु वह पानी की तरह आपके हाथ से बह जायेगा। धन की अपेक्षा प्रसिद्धि चाहे अच्छी हो या बुरी, अंत तक रहेगी। आपका नाम रह सकता है परन्तु अच्छाई बुराई को नजरअंदाज नहीं किया जा सकता। यदि आप भविष्य के प्रति अत्यधिक सावधान नहीं रहते तो आने वाले वर्षों में आप गंभीर रूप से फंस सकते हैं।

स्वास्थ्य के संबंध में आप अजीब स्थितियों का सामना करेंगे। आप रोगों की अपेक्षा दुर्घटना से ज्यादा पीड़ित होंगे। आपकी असाधारण शक्ति होती है। जीवन में आपको हमेशा

हिंसा व दुर्घटना से बचना होगा। अपने भाग्य को अधिक प्रभावशाली बनाने के लिए आपको पीले, सुनहरी व भूरे, नीले व सलेटी रंग के कपड़े पहनने चाहिये।

अंक चार प्रयत्न व संघर्ष से जुड़ा है। विविध क्षेत्रों में आप तकनीकी कुशलता व विशिष्टता रखते हैं। अपने चुने हुए क्षेत्रों में आप दक्ष होना चाहते हैं। व्यापार में बहुत सफल रहते हैं। आप अपनी बहुमूल्य संपदा को सुरक्षित रखें। आप दुर्भाग्य की चपेट में आ सकते हैं। व्यावसायिक क्षेत्र में आप अपने कार्य के प्रति उत्साही होते हैं व समय पर जिम्मेवारी से पूरा करते हैं।

कभी आपको अप्रत्याशित धन व संपत्ति से लाभ होगा। आपका भगवान में अटूट विश्वास होता है। परिवार पर आपका गहरा प्रभाव होता है। अपने अन्तर्ज्ञान की शक्ति से आप धन कमा सकते हैं। यदि दूसरों की सलाह पर न चलें, केवल अपने विचारानुसार ही चलें तो आप आराम से जीवन जी सकते हैं। आप ऐसे तरीके से धन कमा सकते हैं जो किसी ने सपने में भी न सोचा हो। आपको याद रखना होगा-

अंक	चार
स्वामी	राहु
शुभ दिन	रविवार, सोमवार, शनिवार
सर्वश्रेष्ठ दिन	शनिवार
शुभ अंक	2, 4, 5, 6, 7
अशुभ अंक	1, 3, 8
शुभ दिशा	दक्षिण पूर्व
शुभ रंग	सफेद, सलेटी, चमकीला नीला

आइये जानते हैं, कुछ एक जानी-मानी हस्तियों के उदाहरण के साथ-

नाम	जन्मतिथि
श्री श्री रवि शंकर	13 मई 1956
सनी लियोनी	13 मई 1981
प्रीति ज़िंटा	31 जनवरी 1975
जूही चावला	13 नवंबर 1967
श्रीदेवी	13 अगस्त 1963
ओबामा	4 अगस्त 1961
सरोजिनी नायडू	13 फरवरी, 1879
सरदार पटेल	31 अक्टूबर 1875
कार्तिक आर्यन	22 नवंबर 1990
कियारा आडवाणी	31 जुलाई 1991

आपके लिये..........

जन्मांक 5 का फलादेश

यदि आपकी जन्मतिथि 5, 14, 23 है तो आपका स्वामी है बुध। विभिन्न विषयों का अध्ययन करने की आपमें महान शक्ति होती है। आपकी प्रमुख समस्या यह है कि आपको अपनी प्रतिभा व इच्छानुसार कार्य नहीं मिलता व जीवन में कई चीजों को करने की कोशिश करते हैं तथा इसी के चलते कई बार अपना काम बदलते हैं। लोगों के साथ काम करने में तथा अध्ययन कार्य में अनुकूलन स्थापित करने की आप में विलक्षण शक्ति होती है। आपको गतिशीलता प्रिय है।

आप हमेशा यात्राएं करना पसंद करते हैं तथा संसार में हर जगह आप इसे देखना चाहते हैं। यह बहुत कठिन है कि आप जीवन में अपने लिए सही व्यवसाय का चुनाव कर लें ऐसा नहीं कि आप किसी व्यवसाय के लिए सही नहीं बैठते बल्कि एक ही व्यवसाय में ज्यादा समय तक टिके रहना आपके लिए मुश्किल हो जाता है। आपको अपने जीवन में आश्चर्यजनक व अप्रत्याशित अवसर मिलते रहेंगे। आपकी बुद्धि प्रखर व तीक्ष्ण होती है।

आप आलोचक बुद्धि के स्वामी होते हैं। पहली बार लोगों से मिलने पर आप उनके प्रति शंकित रहते हैं। लोग अपनी उदारता व सहानुभूति से ही आपको प्रभावित कर सकते हैं। आप चतुर व कूटनीतिज्ञ होते हैं। दूसरों से भेद उगलवाना आप अच्छी तरह जानते हैं तथा किसी व्यावहारिक उद्देश्य के लिए इसका प्रयोग करने के लिए तैयार रहते हैं।

आप साहित्य के शौकीन होते हैं तथा पढ़ते हैं। किसी समय पर आपको विज्ञान, रसायन शास्त्र व नये आविष्कारों में रुचि हो सकती है। रहस्य विज्ञान भी आपका ध्यान आकर्षित करता है परन्तु आप काल्पनिक विचारों की अपेक्षा ज्यादा व्यावहारिक होते हैं आप अपनी आयु से ज्यादा परिपक्व बुद्धि के होते हैं। आपको आशावादी होना चाहिए जिससे की आप निराशा पर विजय हासिल कर सकें जो आपको घेर सके। पैसे के लेन-देन में आप सावधान व संतुलित रहते हैं। आपको कर्ज में डूब जाने का डर रहता है। धन निवेश करने के तरीके काफी अच्छे होते हैं

परन्तु अपने सामान व पैसों के प्रति अति सजगता के कारण आप ऐसे अवसर खो बैठते हैं जिनसे आप लाभ उठा सकते थे। आप हर चीज व काम को गंभीरता से लेते हैं इसलिए परेशान रहते हैं। किसी समय पर आप निराशा से घिर जायेंगे जिसका असर आपके स्वास्थ्य पर पड़ सकता है।

अपने आपको भाग्यशाली व अपना प्रभाव बनाये रखने के लिए आपको हल्के रंगों के कपड़े इस्तेमाल करने चाहिये। आपकी हाजिर जवाबी व स्पष्ट विचार धारा से आपको जीवन में कई अवसर कमाने के मिलेंगे। आप धनी होने की योजनाएं बनाते हैं। आप बड़ी तेजी से धन को दुगुना बनाते हैं व काफी सफल रहते हैं। आप तेज गति से काम करते हैं तथा बड़ी मेहनत से धन कमाते हैं। आप किसी भी वातावरण व परिस्थिति में अपने आपको आसानी से ढाल लेते हैं। जैसा काम चाहिये वैसा ही आप कर दिखाते हैं। जन संपर्क संबंधी कार्यों में आप अच्छा काम कर सकते हैं। जब आप धनी होते हैं तो दिल खोल कर खर्च करते हैं। लेकिन जब आपके पास पर्याप्त धन नहीं होता तब आप अनुचित तरीकों से धन कमाते हैं। जिससे कि आपके आचरण पर प्रश्न चिन्ह लग सकता है। अति शीघ्र धन कमाने की चाह से आपको दूर रहना होगा।

आपको याद रखना होगा-

अंक	पाँच
स्वामी	बुध
शुभ दिन	बुध, शनि, शुक
सर्वश्रेष्ठ दिन	बुधवार
शुभ अंक	1, 4, 5, 6, 7
अशुभ अंक	2
शुभ दिशा	उत्तर-पश्चिम, उत्तरपूर्व
शुभ रंग	सफेद, हरा

आइये जानते हैं, कुछ एक जानी-मानी हस्तियों के उदाहरण के साथ-

नाम	जन्मतिथि
पंडित जवाहर लाल नेहरू	14 नवम्बर 1889
राज कपूर	14 दिसंबर 1924
आमिर खान	14 मार्च 1965
दीपिका पादुकोण	5 जनवरी 1986
अभिषेक बच्चन	5 फरवरी 1976
डोनाल्ड ट्रम्प	14 जून 1946
योगी आदित्यनाथ	5 जून 1972
सुषमा स्वराज	14 फरवरी 1952
मधुबाला	14 फरवरी 1933
हिमेश रेशमिया	23 जुलाई 1973
कंगना रनौत	23 मार्च 1987

आपके लिये..........

जन्मांक 6 का फलादेश

6, 15, 24 जन्मतिथि वालों का अंक छः व स्वामी शुक्र होता है। प्रेम, विवाह तथा स्नेह आपके जीवन में अत्यंत महत्वपूर्ण भूमिका निभाते हैं। आप इनके द्वारा अपने जीवन में बहुत प्रभावित होते हैं। विपरीत लिंग के लोगों का प्रभाव आपके जीवन तथा व्यवसाय को काफी विख्यात बना देता है। आपको अपनी इच्छाशक्ति को सुदृढ़ बनाना चाहिये। इन सब प्रभावों से बचने के लिए आपको अपनी अलग व्यक्तिगत पहचान बनानी चाहिये फिर आप अपने आकर्षण व अपने व्यक्तित्व के कारण पहचाने जायेंगे।

जनमानस से जुड़े कलात्मक व्यवसाय में आप सफल हो सकते हैं। जैसे-संगीत, कला, साहित्य, नाटक, असाधारण आविष्कार या सजावट से संबंधित व्यापार।

घरेलू परिस्थितियों या संबंधियों के कारण जीवन के आरंभिक वर्षों में आप पीछे रह जाते हैं। संकेत ये है कि अन्त में आप सभी बाधाओं को जीतकर सफल रहते हैं। चाहे आपने कोई भी व्यवसाय चुना हो आप धीरे-धीरे अपना आर्थिक स्तर मजबूत बना लेते हैं। अपने भविष्य के लिए अच्छी तैयारी कर लेते हैं तथा धनी होने का प्रत्येक साधन जुटा लेते हैं।

आपको आग, गाड़ी या वाहन से खतरा हो सकता है। आपको अपने आपको तथा अपनी संपत्ति को संभाल कर रखना चाहिए। अपने व्यक्तित्व में निखार लाने हेतु आपको शुक्र ग्रह के रंग के कपड़े पहनने चाहिये; जिसमें कि गहरे नीले से लेकर हल्के रंग के सारे शेड्स आ जाते हैं।

आपके अंक का स्वामी शुक्र है। आप कलात्मक तथा श्रेष्ठ रुचियों वाले होते हैं। जीवन की प्रत्येक सुन्दर वस्तु से आप प्रेम करते हैं। सुन्दर वस्तुओं को खरीदने में, अपने घर को

सजाने में तथा विपरीत लिंग के सदस्यों पर आप काफी धन खर्च करते हैं। आप कभी कंजूसी नहीं करते। आप बहुत ज्यादा खर्च करते हैं। आपको संपत्ति, अप्रत्याशित धन तथा लॉटरी से लाभ होता है।

आप व्यापार के साथ खुशी का तालमेल बिठा लेते हैं। आंतरिक सज्जा, फैशनेबल वस्त्रों, वस्त्र कला, ज्यूलरी डिजाइनिंग, होटल, ट्रेवल व टूर, कला व संस्कृति, संगीत व चित्रकारी, लेखन व कविता, पत्रकारिता व प्रकाशन जैसे व्यवसायों में आप नाम तथा यश कमाते हैं तथा आर्थिक स्थिरता पाते हैं। आप धन के मामले में भाग्यशाली रहते हैं। जनमानस में अच्छी छवि तथा सामाजिक संबंध आपको समाज में आदरणीय स्थान दिलाते हैं। आपके निवेश आपको आशा से अधिक लाभ दिलाते हैं। आपको याद रखना होगा-

अंक	छः
स्वामी	शुक्र
शुभ दिन	शुक्रवार, सोमवार, मंगलवार
सर्वश्रेष्ठ दिन	शुक्रवार
शुभ अंक	4, 5, 6, 8
अशुभ अंक	1, 2
शुभ दिशा	उत्तर-पश्चिम
शुभ रंग	शुभ रंग सफेद, नीला, गुलाबी

आइये जानते हैं, कुछ एक जानी-मानी हस्तियों के उदाहरण के साथ-

नाम	जन्मतिथि
गुरु नानक	15 अप्रैल 1469
दलाई लामा	6 जुलाई 1935
अब्दुल कलाम	15 अक्टूबर 1931
रणवीर सिंह	6 जुलाई 1985
अल्लह रक्खा रहमान	6 जनवरी 1967
माधुरी दीक्षित	15 मई 1967
आलिया भट्ट	15 मार्च 1993
कपिल देव	6 जनवरी 1959
सानिया मिर्जा	15 नवम्बर 1986
दिलजीत सिंह दोसांझ	6 जनवरी 1984
सचिन तेंदुलकर	24 अप्रैल 1973

आपके लिये..........

जन्मांक 7 का फलादेश

यदि आपका जन्म 7, 16 या 25 को हुआ है तो आपका अंक 7 व आपका स्वामी केतु (वरुण) है। आप चाहे किसी भी व्यवसाय में हों, आप अत्यधिक भक्ति भावना से युक्त होते हैं। स्वाभाविक रूप से आप धार्मिक होते हैं परन्तु आपका धार्मिक झुकाव कुछ असामान्य या गैर रूढ़ीवादी तत्वों की तरफ होता है। आप रोमांटिक, आदर्शवादी व अत्यधिक कल्पनाशील होते हैं।

आप अपने ख्यालों की दुनिया में रहते हैं। व्यावहारिक या व्यापारिक दुनिया से आपके आदर्शवाद को धक्का पहुंचता है। आपको यात्रा करने की तीव्र इच्छा होती है विशेषकर देश-विदेशों में। यदि आप ऐसा करने की स्थिति में हैं तो आपके जीवन में एक बड़ा बदलाव आयेगा तथा आप अपने जीवनकाल में घर बदलते रहेंगे। अपने जन्म स्थान से दूर संसार के कुछ भागों में आप अपने कार्यों में सफल हो सकते हैं। विभिन्न देशों के लोगों के साथ लेन-देन करने में आप सफल हो सकते हैं।

आप जिस पद पर होंगे, उससे आपको यश व काफी लोकप्रियता मिलेगी। परन्तु जो धन आप खर्च करेंगे उससे आपको ज्यादा खुशी नहीं मिलेगी। आपका विवाह अच्छा होगा परन्तु आपको कई कठिनाइयों व परीक्षाओं से गुजरना पड़ सकता है। जीवन के आरंभिक वर्षों में स्वास्थ्य प्रभावित हो सकता है। अपने व्यक्तित्व का प्रभाव बढ़ाने के लिए स्लेटी व हरे रंग के कपड़े आपके लिए भाग्यशाली सिद्ध होंगे। कबूतरी रंग, सलेटी, चमकीला-नीला, हल्का पीला व सफेद रंग आप अधिक इस्तेमाल करें।

आर्थिक दृष्टि से बड़े स्तर के उद्योग या व्यापार के लिए यह अंक अच्छा नहीं है। आप उद्योगपति की अपेक्षा व्यापारी के रूप में ज्यादा अच्छा काम कर पायेंगे। आपको विदेशियों से काफी मदद मिलती रहेगी। यह मदद आर्थिक सहयोग या साझेदारी के प्रस्ताव में आपको अचानक अप्रत्याशित रूप में मिलती है।

यदि आप अपने आत्मविश्वास व मानसिक क्षमताओं को विकसित कर लें तो आप आर्थिक स्तर पर अच्छा काम कर सकते हैं। विपरीत लिंग के मामले में आप सामान्यतः भाग्यशाली रहते हैं। आपको विवाह से लाभ होता है। विरासत के रूप में आपको जायदाद मिलती है। आप अपनी रचनात्मक बौद्धिक क्षमताओं से धन कमाते हैं।

आपको याद रखना है-

अंक	सात
स्वामी	वरुण
शुभ दिन	सोमवार, शनिवार, बुधवार
सर्वश्रेष्ठ दिन	सोमवार
शुभ अंक	4, 7, 8
अशुभ अंक	1, 2, 9
शुभ दिशा	उत्तर पश्चिम
शुभ रंग	हरा, पीला

आइये जानते हैं, कुछ एक जानी-मानी हस्तियों के उदाहरण के साथ-

नाम	जन्मतिथि
रवींद्रनाथ टैगोर	7 मई 1861
अरविंद केजरीवाल	16 अगस्त 1968
निक जोनस	16 सितंबर 1992
करण जौहर	25 मई 1972
बाबा रामदेव	25 दिसंबर 1965
एकता कपूर	7 जून 1975
कैटरीना कैफ	16 जुलाई 1983
महेंद्र सिंह धोनी	7 जुलाई 1981
बिपाशा बसु	7 जनवरी 1979

आपके लिये..........

जन्मांक 8 का फलादेश

जिनकी जन्मतिथि 8, 17, 26 है। आपका अंक है आठ व आपका स्वामी शनि है। जीवन भर कड़ी मेहनत करते हैं व कड़ी मेहनत के नतीजे बहुत मुश्किल से व देर से मिलते हैं। दूसरों की मदद से आपको कुछ नहीं मिलता । जीवन में किसी भी सफलता के लिए आप अपने पर ही निर्भर हैं। जो भी काम करते हैं उसे बहुत धैर्य, अथक परिश्रम व दृढ़ निश्चय के साथ करते हैं। आपमें सुदृढ़ इच्छा-शक्ति होती है

किसी भी तरह का विरोध आपको अपने लक्ष्य को पाने से नहीं रोक सकता। आप उदासी व अति खिन्नता के रोग से ग्रस्त हो सकते हैं। उस स्थिति में घर से निकलना मुश्किल हो जाता है। आपको कई पारिवारिक दुखों से लड़ना पड़ सकता है। विवाह या व्यवसाय कोई भी काम मुश्किल व देर से बनता है।

किसी भी तरह के जुए, सट्टे व जल्दी धनी बनने के तरीके में आप भाग्यशाली नहीं है। आप धीरे-धीरे परिश्रमी साधनों से अपने दिमाग की कसरत से धन एकत्रित कर सकते हैं। भूमि, खानों व खनिजों जैसे कोयला, सीसा, सीमेन्ट का काम या भवन बनाने का काम आपके लिए शुभ हो सकता है। इनमें आप उच्च दायित्व का पद भी संभाल सकते हैं। आप स्वभाव से गंभीर प्रवृत्ति के होते हैं। आप उच्च कोटि के विचारक होते हैं तथा वाद-विवाद में श्रेष्ठ होते हैं। आपको ऐसा तर्क देना चाहिए कि या तो आप अपने विरोधी को मात दे सकें या अपना बचाव कर सकें।

आपको प्रेम दिखाने की नहीं बल्कि अन्तरात्मा की सच्ची आवाज सुनने की अधिक इच्छा होती है विशेषकर तब जब आप दूसरों की मदद करते हैं। वे व्यक्ति जो मानसिक तथा नैतिक रूप से आपसे हीन हैं उनके साथ आपका विचित्र लगाव होता है। ये आपको आलोचनात्मक तथा निन्दाजनक विरोधी स्थिति में डाल देते हैं। महत्त्वपूर्ण अवसर मिलने के बावजूद आप अपने असफल दौर के लिए कुछ ज्यादा नियम नहीं बनाते। यद्यपि आप दूसरों को श्रेष्ठ सलाह देने के काबिल होते हैं। लेकिन अपने हित के लिए आप उनका अनुसरण नहीं करते। स्वास्थ्य की दृष्टि से

भी आप काफी प्रभावित होते हैं। कुछ रुकावट के बाद बीमारी की आशंका रहती है। शल्य चिकित्सा भी हो सकती है। इसके बावजूद भी लम्बे समय तक आपका स्वास्थ्य अच्छा रहेगा। आम व्यक्ति की तुलना में आपको भोजन संबंधी सारी जानकारी होती है। अच्छा रहेगा लम्बे समय तक ठण्डे इलाके में न रहें। अपने व्यक्तित्व को और शक्तिशाली बनाने के लिए आपको गहरे बैंगनी, काले या नीले, गहरे नीले रंगों को धारण करना चाहिए।

आपका अंक संघर्षों व प्रयत्नों का अंक है। इस अंक के स्वामी को सफलता पाने के लिए विशेष रूप से कुशल होना चाहिए। आर्थिक स्तर तथा व्यक्तित्व स्तर पर आप अस्थिरता का शिकार होते हैं। यदि आप व्यापार में हैं तो उसमें अचानक व अप्रत्याशित रूप से विकास की आशा होती है तथा आपके आर्थिक स्तर में काफी अस्थिरता आती रहती है। आप अपनी कीमती वस्तुओं व संपत्तियों, फैक्ट्रियों, मशीनों तथा वाहनों को अवश्य सुरक्षित रखें। यदि आप साझेदारी के व्यापार में हैं तो साझेदार की विश्वसनीयता पर नजर रखें। जैसे-जैसे नया समय आता है, जो संपत्ति आपके पास है, आप उसे दुगुना कर सकते हैं। 35 वर्ष के बाद आप धन एकत्रित करना शुरू कर देते हैं।

आपको याद रखना है-

अंक	आठ
स्वामी	शनि
शुभ दिन	शनिवार, बुधवार, गुरुवार
सर्वश्रेष्ठ दिन	शनिवार
शुभ अंक	4, 5, 6, 8
अशुभ अंक	1, 2, 9
शुभ दिशा	उत्तर-पूर्व, दक्षिण-पूर्व
शुभ रंग	काला, नीला, सलेटी, बैंगनी

आइये जानते हैं, कुछ एक जानी-मानी हस्तियों के उदाहरण के साथ-

नाम	**जन्मतिथि**
नरेंद्र मोदी	17 सितंबर 1950
हेमा मालिनी	16 अक्टूबर 1948
डॉ. मनमोहन सिंह	26 सितम्बर 1932
आशा भोसले	8 सितम्बर 1933
मिशेल ओबामा	17 जनवरी, 1964
आसिफ जरदारी	26 जुलाई 1955
मदर टेरेसा	26 अगस्त 1910
साइना नेहवाल	17 मार्च 1990
देव आनंद	26 सितंबर 1923
कल्पना चावला	17 मार्च 1962
सौरव गांगुली	8 जुलाई 1972
शिल्पा शेट्टी	8 जून 1975

आपके लिये..........

जन्मांक 9 का फलादेश

यदि आपकी जन्म की तारीख 9, 18 या 27 है तो आपका अंक 9 हुआ। आपके अंक का स्वामी मंगल है। आप जो भी कार्य करते हैं उसमें बलपूर्वक आगे बढ़ते हैं लेकिन आपको भाग्य के उतार-चढ़ाव का गुलाम बनना पड़ता है। किसी समय कोई चीज या व्यक्ति आपका साथ देते हैं तथा फिर एक समय आता है जब हर चीज आपके विरुद्ध हो जाती है। जब तक कि आप किसी धनी परिवार से न हों, आपके जीवन की शुरुआत ज्यादातर बहुत सख्त व कठिन होती है। आप अत्यधिक महत्वाकांक्षी होते हैं। आप तब तक संतुष्ट नहीं होते, जब तक कि अपने साथियों से आगे न निकल जायें या उनसे भी उच्च पद पर आसीन न हो जायें। आपमें अद्भुत साहस व आत्मविश्वास होता है।

किसी भी आम व्यक्ति की तुलना में आपमें कार्यकारी व संगठनकारी योग्यता होती है। किसी भी तरह के शासकीय या सरकारी काम आपके स्वभाव के अनुकूल हो सकते हैं या किसी भी उद्योग से संबंधित कोई भी उच्च पद आपके अनुकूल हो सकता है। आप जोखिमपूर्ण व उत्तेजनापूर्वक कार्य करना पसंद करते हैं जिसके कारण आपको कई तरह के खतरों का सामना करना पड़ सकता है। आप स्वभाव से मेहनती होते हैं व लाभ कमाना चाहते हैं। अतः आप जिस भी कार्य में हों आपका दायरा बहुत बड़ा होता है।

आप बड़े ही सरल हृदय होते हैं व हमेशा दूसरों की मदद करते हैं। सट्टेबाजी से आपको नुकसान हो सकता है पर यह किसी भी समय आपके स्वभाव में हावी हो सकता है। आप तानाशाही व हठी होते हैं। आप अपने कई कट्टर शत्रु बना लेते हैं। जीवन के आरंभिक वर्षों में आप विश्वासघात व झूठे मित्रों के कारण हानि उठाते हैं। 35 से 60 वर्ष की आयु तक आप बड़ी मात्रा में पैसों का हिसाब-किताब देखेंगे। यदि आप अपना पद व धन-संपदा बनाये रखना चाहते हैं तो आपको ज्यादा होशियारी व सावधानी की जरूरत पड़ेगी ।

स्वास्थ्य की दृष्टि से आपका स्वास्थ्य ठीक ही रहेगा। अपने आपको स्वस्थ रखने के लिए व अपने व्यक्तित्व का प्रभाव जमाने के लिए आपको लाल या मूंगा इस्तेमाल करने से हमेशा लाभ होगा।

आप खर्चीले स्वभाव के होते हैं। आपको अपने परिवारवालों पर या आप जिसे चाहते हैं उस पर खर्च करना अच्छा लगता है। अतः आपको हमेशा बजट में रहने की जरूरत होती है। यदि आपको अपने व्यवसाय में पर्याप्त सफलता नहीं मिल रही है तो आप अपना व्यवसाय बार-बार नहीं बदलें। किसी दूसरे व्यवसाय को शुरू करने की जल्दबाजी करने की बजाय आपको अपने निहित व्यवसाय पर ही ध्यान देना चाहिये। अग्नि विनाश से आपको खतरा हो सकता है। यदि आप मशीनें चलाते हैं तो आपको विशेष ध्यान रखना आवश्यक होगा। धन कमाने की आप में प्रतिभा है।

उद्योग, व्यापार व बड़े संगठन द्वारा आर्थिक लाभ तथा समृद्धि के लिए आपका जन्मांक अच्छा है व आप निडर, साहसी व जोखिम लेने वाले हैं। जीवन के अधिकांश भाग में भाग्य आपका साथ देगा, बस अपने खचीले स्वभाव पर प्रतिबंध लगायें। ऐसे व्यवसाय जिसमें कई चीजें शामिल हों या जोखिम भरे व्यवसाय हों, उनमें आप भाग्यशाली रहेंगे। साझेदारी के व्यवसाय में आपको सावधान रहने की सलाह दी जाती है क्योंकि साझेदारी के चलते आपका झगड़ा हो सकता है। हो सकता है आपके श्रेष्ठ विचारों व नवीन दृष्टिकोण का तालमेल न बैठे।

आपको याद रखना होगा-

अंक	नौ
स्वामी	मंगल
शुभ दिन	मंगलवार, सोमवार, गुरुवार
सर्वश्रेष्ठ दिन	मंगलवार
शुभ अंक	1, 2, 3, 9
अशुभ अंक	4, 5, 7, 8
शुभ दिशा	दक्षिण-पश्चिम, उत्तर-पूर्व
शुभ रंग	लाल, पीला, गुलाबी

आइये जानते हैं, कुछ एक जानी-मानी हस्तियों के उदाहरण के साथ-

नाम	जन्मतिथि
किरण बेदी	9 जून 1949
नेल्सन मंडेला	18 जुलाई 1918
सोनिया गांधी	9 दिसंबर 1946
प्रियंका चोपड़ा	18 जुलाई 1982
सलमान खान	27 दिसम्बर 1965
अक्षय कुमार	9 सितम्बर 1967
फरहान अख़्तर	9 जनवरी 1974
शशि थरूर	9 मार्च 1956
दीया मिर्ज़ा	9 दिसंबर 1981
सुरेश रैना	27 नवंबर 1986
मनु भाकर	18 फरवरी 2002

आपके लिये..........

यह तो हुई बात जन्मांक की या उनसे जुड़े ग्रहों की, उनकी विशिष्टताओं की; क्योंकि अब आपको यह जानना है कि कौन से अंक आपकी जन्मतिथि में उपलब्ध हैं कौन से नहीं। साथ ही जो अंक हैं उनके योग से आपका व्यक्तित्व में किन चीजों या आदतों की अधिकता है व किन चीजों की कमी है या आप अपने जीवन में किन उपलब्धियों को प्राप्त करना चाहते हैं, आपकी प्राथमिकताएं क्या हैं।

अपने मोबाइल नंबर बदल कर या ठीक करके आप अपने नंबरों में (+) (-) जोड़कर या घटाकर अपने जीवन में अवश्य सामंजस्य स्थापित कर सकते हैं। याद रहे, अब आप किसी पर निर्भर नहीं हैं तो चुनिये अपना लक्की मोबाइल नंबर क्योंकि ये नंबर बदल सकते हैं आपकी दुनिया।

लो-शू-ग्रिड में हर नंबर का एक अर्थ होता है। मोबाइल नंबर आपकी जन्मतिथि से कितना मिलता है। शून्य नंबर का कोई मूल्य नहीं होता तथा यह किसी प्रकार की ग्रहीय शक्ति को नहीं दर्शाता। शून्य या अनन्त या असीम। शून्य सूक्ष्म और विराट दोनों के संतुलन से बना है। यह शून्य एक ऐसी सुप्रीम शक्ति है जो ऊर्जा का स्रोत है या पूरे ब्रह्माण्ड की शक्ति है जो कि पूरे ग्रह, उपग्रह, तारों, आकाशगंगा को एक परिपथ में बांध कर रखती है। यह शक्ति देती है आपको जन्म-मृत्यु से परे एक शक्ति जिसे ब्रह्माण्डीय शक्ति कह सकते हैं। जब आप एक स्थान से ब्रह्माण्ड का एक चक्कर लगाते हैं तो वापस उसी स्थान पर आपका आना आपको शून्य की स्थिति बताता है।

क्या है आपका मोबाइल नंबर

आपका मोबाइल नं अधिकतर दस अंकों का होता है, जिसमें पहला नंबर प्रायः 9 होता है। तो आप पहले नंबर को छोड़कर बाकी के नौ अंकों पर जरा गौर फरमाइये। कहीं ऐसा तो नहीं कि आपके मोबाइल नंबर का तराजू जहाँ नौ ग्रहों के संतुलन के साथ होना चाहिये वहाँ किसी एक ग्रह का पलड़ा भारी तो नहीं है। यदि ऐसा है तो चौंकिये मत। यहाँ आपको यह देखना होगा कि वे कौन से ग्रह हो सकते हैं, वे ग्रह किस तरह कर रहे हैं आपको प्रभावित ? सबसे पहले हम यह जानने कि कोशिश करते हैं कि इन नौ ग्रहों की चाल यदि आपके नंबर में है तो क्या कहते हैं ये नौ ग्रह। फिर आगे के अध्याय में हम यह जानने की कोशिश करेंगे, क्या व कौन से नंबर आपके मोबाइल नंबर में होने चाहिये, जिनसे आप सभी अवरोधों को खत्म कर अपनी जिन्दगी को सरल बना पाएं व सभी उपलब्धियों को प्राप्त कर पायें।

आइये आगे व्याख्या करते हैं नंबर एक से लेकर नौ ग्रहों की कि यदि वे हैं आपके नंबर; तो क्या जाहिर करते हैं ये नंबर व ग्रह।

लेख-अखबार

दिल्ली का एकमात्र संपूर्ण हिन्दी दैनिक

हरिभूमि
हिंदी समाचार

नई दिल्ली, रविवार 30 सितंबर, 2007

हरिभूमि न्यूज (नई दिल्ली)।

ऑक्सफोर्ड बुक स्टोर में आज शाम माइसटिक्ल टैरो डेक नामक पुस्तक का लोकार्पण किया गया। इस पुस्तक की रचना डॉ. सीमा मिढ़ा ने की है। इस पुस्तक की खास बात ये है कि इसमें 78 टैरो कार्ड्स के बारे में जानकारी दी गई है जिनकी मदद से कोई व्यक्ति अपने जीवन की किसी भी समस्या को जानकर उसका सामना कर सकता है।

इस अवसर पर मुख्य अतिथि के रूप में मौजूद दिलीप तिरकी ने कहा कि भारत में जिस तरह का सम्मान किक्रेट के खेल को दिया ठीक वैसा ही सम्मान अन्य खेलों को भी दिया जाना चाहिए। इसके लिए जरूरी है आम जनता में इन खेलों को लेकर रुचि जगाना।

इनके साथ ही कार्यक्रम में मौजूद अशोक प्रधान का कहना था कि हॉकी को आगे बढ़ाने के लिए इसका सम्मान किया जाना जरूरी है, और इसके लिए मेरा जो भी सहयोग इसके लिए चाहिए होगा, मैं वो दूंगा।

कार्यक्रम में मौजूद पुस्तक की लेखिका सीमा मिढ़ा ने कहा कि भविष्य बताने वाली जानकारी से भरी पूरी यह एक अनूठी पुस्तक है। इसमें 78 कार्ड्स है जिनमें व्यक्ति अपने जीवन के सभी रंगों को देख सकता है। इसके अलावा लोग अपने भविष्य के बारे में भी उपयोगी जानकारी प्राप्त कर सकते हैं।

कार्यक्रम में मुख्य अतिथि के रूप में दिलीप तिरकी मौजूद थे (हॉकी में पद्मश्री के सम्मान से सम्मानित) और इनके अलावा अशोक प्रधान (संसद सदस्य) ए. के. बंसल (विशिष्ट अतिथि, कोच जूनियर हॉकी टीम) सुधा कुमारी (सुप्रयास स्वयंसेवी संस्था), पुनीत ओदि लोग मौजूद थे।

अंक 1 अधिष्ठाता ग्रह सूर्य

यदि एक नंबर है तो यह आपके कार्य-भार को बहुत बढ़ायेगा क्योंकि यह नंबर है अभिव्यक्ति का, संचार का, अहम् का, अधिकार का, यह लाएगा आपके अन्दर अपनी बात कहने की क्षमता। जब आप अपनी बात अच्छी तरह से कह पाते हैं तो यह आपके निजी जीवन, कारोबार व व्यापार में आपको लाभ दिलाती है।

नंबर एक आपको जीवन में आशावादी बनाता है व आगे बढ़ने की प्रेरणा देता है। जब आप अपनी दिशा में पूरे आत्मविश्वास के साथ आगे बढ़ते हैं तो अपने कार्य-क्षेत्र में नाम कमाते हैं। अब देखते हैं कि आपके मोबाइल नंबर में एक कितनी बार आता है, उसका क्या लाभ व क्या नुकसान आपको होता है।

मोबाइल नंबर में अंक 1 की उपस्थिति एक बार

⑨⑧❶⓪⑦⑥②⓪⓪⑤

समझने की पूरी क्षमता रखते हैं। कम बोलते है। बहुत जरूरत पड़ने पर ही अपने अंदर की बात कहते हैं। ऐसे व्यक्ति विवेकशील होते हैं व अपने व्यवसाय या कारोबार में स्पष्टवादिता के साथ काम करते हैं। यह अधिकतर नौकरी में अधिक सफल रहते हैं। जब ज्यादा बोलते नहीं हैं तो व्यापार में कामयाबी नहीं मिल पाती।

मोबाइल नंबर में अंक 1 की उपस्थिति दो बार

⑨⑧❶⓪⑧⑥①❶③⓪⓪

एक नंबर दो बार आने से अपने आपको अच्छी तरह से व्याख्या कर पाते हैं फिर भी औसत ही खुल पाते हैं। औरों के साथ आत्मविश्वास पहले से बेहतर, लेकिन औसत रहेगा। निजी जीवन व व्यावसायिक जीवन में संतुलन बना पायेंगे क्योंकि वे अपना पक्ष भी रखते हैं व दूसरों की बात भी सुनने के लिए तैयार रहते हैं।

मोबाइल नंबर में अंक 1 की उपस्थिति तीन बार

⑨⑧❶⓪③❶❶②⑤④

आप अति उत्साही, खुशमिजाज हैं व ऐसा व इतना बोलते हैं कि किसी दूसरे को बोलने का मौका ही नहीं देते। बातूनी होते हैं। ऐसे व्यक्ति को पूरी आजादी दी जाये, वातावरण अच्छा दिया जाये तो अच्छा ही करते हैं। आसानी से अपनी बात दूसरों तक पहुँचा पाते हैं तथा संवाद-क्षमता अच्छी होती है। ऐसे व्यक्ति व्यापार, कारोबार में भी बहुत सफल रहते हैं। इच्छायें दिन-प्रतिदिन बढ़ती हैं। दूसरों का अच्छा मनोरंजन कर पाते हैं, यानि इन के साथ काम करने वाले खुश रहते हैं।

मोबाइल नंबर में अंक 1 की उपस्थिति चार बार

⑨⑧❶❶❶❶⓪⓪⑦⑧

यदि आपके मोबाइल नंबर में एक नंबर चार बार आता है तो यह महत्त्वाकांक्षा को बढ़ाता है। बहुत ज्यादा अपने आपको अभिव्यक्त करने लगते हैं। ज्यादा बोलने से इनकी बात की लोग कीमत नहीं रखते या यूँ कहें, जहाँ बहुत ज्यादा नहीं बोलना चाहिए, बोलने लगते हैं तो दूसरे लोग इनको ठीक से समझ नहीं पाते। यह दूसरों के बारे में अच्छा सोचते हैं व अपने मन की बात जरूरत से ज्यादा बताते हैं। उदाहरण के लिए यदि अपने कारोबार में एक ही बात को दोहराएंगे तो आपकी बात का असर कम हो जायेगा, साथ ही आपके बार-बार बोलने से बात बिगड़ भी सकती है।

अतः विशेष ध्यान रखना होगा कि आपके मोबाइल नंबर में चार बार या उससे अधिक बार एक अंक आया तो आप परेशानी में आ सकते हैं। आपको बहुत कठिनाइयों का सामना करना पड़ सकता है। दूसरों के साथ संबंधों पर असर डालता है यह नंबर। लोग आपसे बात करने से डरने लगेंगे। अपनी बात कहने से कतराने लगेंगे।

जब अपनी बात कहने की क्षमता में कमी आयेगी तो यह स्थिति दर्दनाक हो सकती है। ऐसे व्यक्तियों को अपने आपको व्यक्त करने के लिए विशेष कार्य-कलापों का चुनाव करना चाहिये।

मोबाइल नंबर में अंक 1 की अनुपस्थिति

⑨②③④④⑤⑥⑧⑨②

यदि आपके मोबाइल नंबर में 1 नहीं है तो आप अपनी बात को ठीक से दूसरों के समक्ष, अपने पहलुओं को नहीं रख पायेंगे तो आपके निजी संबंध, व्यापार, कारोबार निश्चित रूप से प्रभावित होंगे। आप का आत्मविश्वास कम होगा तथा नकारात्मक सोच रखने लगेंगे, साथ ही दूसरों पर निर्भरता बहुत बढ़ जाएगी, अतः अपने मोबाइल में एक अंक को अवश्य लाये।

अंक 2 अधिष्ठाता ग्रह चंद्रमा

यह चन्द्र ग्रह को व्यक्त करता है। यह नंबर आपके जीवन में आपसी प्यार व निजत्व को बढ़ावा देता है। आपके सहयोगी व्यवहार को व्यक्त करता है। इस प्रकार के लोग सिक्के के दो पहलुओं की तरह होते हैं। जीवन में दोहरा व्यक्तित्व भी रख सकते हैं, जो कभी विश्वास से भरे व कभी पर-निर्भर होते हैं। कभी स्थिर या कभी विचलित होते हैं। कभी सफल होते हैं, जीत हासिल करते हैं, कभी हार भी हो सकती है। इनका साथ सागर में उतरती-चढ़ती लहरों के समान होता है।

जिसकी वजह से इंसान में अन्तः प्रेरणा बढ़ती है। अंतःप्रेरणा की वजह से यह कई बार बहुत अच्छे निर्णय लेने में कामयाब हो जाते है; जिससे बहुत लाभ भी हो सकता है। चंद्रमा से प्रभाव के कारण कभी अच्छे निर्णय करते हैं कभी जल्दबाजी में चूक भी हो सकती है। इससे आपको नुकसान भी बहुत भारी उठाना पड़ सकता है। इस प्रकार, यह कहा जा सकता है कि यह जीवन में उतार-चढ़ाव लेकर आने का नंबर है। अगर हम अवगुणों की तरफ जायें तो देखते हैं कि यह बहुत निस्तेज या उदासीन नंबर हो सकता है। ऐसे लोग बहुत आलसी हो सकते हैं व दूसरों पर पूरी तरह निर्भर हो सकते हैं।

यदि आपके मोबाइल नंबर में दो नंबर एक बार या अधिक बार आता है तो आपको किस तरह का प्रभाव प्राप्त होता है।

मोबाइल नंबर में अंक 2 की उपस्थिति एक बार

⑨⑧①⓪❷⑤⑥⑦⑧③

आपको बनाता है बुद्धिमान व संवेदनशील, व देता है सक्रिय रहने की शक्ति। यह रिश्तों को अच्छा बनाता है। चाहे पारिवारिक हों या व्यावसायिक, स्थिति संतुलन में रखता है। आशावादी होते हैं। 'प्यार करते हैं' तो कहना आता है इनको।

मोबाइल नंबर में अंक 2 की उपस्थिति दो बार

⑨ ⑧ ① ⓪ ❷ ⑦ ❷ ⑥ ⑤ ①

बहुत अधिक बुद्धिमान व आगे का पहले सोचने लगते हैं। यानि भविष्य के परिणामों के बारे में सोचकर वर्तमान खराब करते हैं। व कभी हाँ या न वाली प्रवृत्ति हो जाती है। अपनी बात पर स्थिर नहीं रह पाते हैं। दूसरों से अधिक आशा रखने लगते हैं और अत्यधिक संवेदनशील हो जाते हैं।

मोबाइल नंबर में अंक 2 की उपस्थिति तीन बार

⑨ ❷ ⑨ ❷ ⑦ ❷ ⑥ ④ ⓪ ⓪

दूसरों से बहुत ज्यादा आशा करते हैं, व दूसरों से मिलजुल कर नहीं रह पाते, या यूं कहें कि अपनी ही दुनिया में रहने लगते हैं। दूसरों का मजाक सहन नहीं करते। इससे आपसी रिश्ते खराब होते हैं। रिश्तों का नाम है देना और लेना, लेकिन यहां पर लेने की ही बात करते हैं देने की नहीं, तो रिश्ते ठीक प्रकार से निभ नहीं पाते। प्रायः दुखी रहते हैं।

मोबाइल नंबर में अंक 2 की उपस्थिति चार बार

⑨ ⑧ ❷ ❷ ❷ ❷ ⑤ ⑥ ⑦ ⑧

जिनके मोबाइल नंबर में अंक दो चार बार आता है, वे बहुत ही असहनशील होते हैं। छोटी-छोटी बात का बुरा मानने लगते हैं व छोटी बातों को भी बड़ा बना देते हैं बहुत ज्यादा प्रभावित होने लगते हैं। आम जिन्दगी में काफी कठिनाइयाँ झेलते हैं तथा दूसरों के लिए भी बहुत समस्याप्रद हो सकते हैं।

अपने ऊपर भरोसा खोने लगते हैं व आत्मविश्वास नहीं रहता। इन्हें समय-समय पर दूसरों की बहुत प्रशंसा की आवश्यकता होती है।

यदि आपके मोबाइल नंबर में चार से अधिक बार संख्या दो आ जाती है तो कठिनाइयां और बढ़ जाती हैं। ऐसे बहुत से लोगों का व्यवहार इतना कोमल होता है कि बात-बात पर रोने लगेंगे, छोटी सी बात पर बहुत खुश होने लगेंगे। दूसरों के लिए सिरदर्दी बन जाते हैं।

मोबाइल नंबर में अंक 2 की अनुपस्थिति

⑨⑧⑤④③⑨⑦⑤③①

यदि आपके नंबर में दो नहीं है तो यह रिश्तों में खटास ला सकता है तथा घर, कारोबार या वातावरण में रिश्तों की उपलब्धियां कम होती जाती हैं। यह सक्रियता को भी कम करता है। व्यक्ति अपनी दुनिया से बाहर नहीं आना चाहता व अपने कमजोरियों को छुपायेगा व छुपाने के लिए असामान्य व्यवहार भी करने लगते हैं और दिखावा ज्यादा करते हैं।

निजी रिश्ते कामयाबी को प्रभावित करते है यदि 2 नम्बर नही है तो अवश्य अपने मोबाइल नंबर में लें व अपने रिश्ते में खुशियाँ सुनिश्चित करें।

अंक 3 अधिष्ठाता ग्रह गुरु

यह बृहस्पति ग्रह को व्यक्त करता है। तीन नंबर आपकी दिमागी क्षमता या कौशल को व्यक्त करता है व यह कि आप कितने सामाजिक हैं। आपकी याददाश्त, आपकी सृजनात्मकता को जाहिर करता है। बोलने में व संबंधों को अच्छा करने में काफी महत्वपूर्ण है नंबर तीन। तीन यानी तीन शक्तियां या तीनों देवों का आशीर्वाद। ये लोग समाज से जुड़े, नेतृत्व क्षमता से भरे-पूरे व अपने विषय में पारंगत होते हैं। तीन मूल विशेषताएं तो होती हैं-विवेक, बल और बुद्धि। ये चाहते हैं कि इनकी हुकूमत चलती रहे।

अगर आप मिडिया में है तो तीन नंबर आपके मोबाइल नंबर में होना चाहिए।

मोबाइल नंबर में अंक 3 की उपस्थिति एक बार

⑨⑧①⓪❸⑦⓪⓪⑤⑥

यदि तीन का अंक एक बार आपके मोबाइल नंबर में है तो आप भाग्यशाली हैं, अच्छी याददाश्त रखते हैं, व आपकी अपनी विशेष पहचान है, स्पष्टवादी हैं। यह अंक समाज में एक संतुलित व्यवहार को दर्शाता है। आपका यह नंबर सकारात्मक सोच की ओर इंगित करता है और आप योजनानुसार काम करने में समर्थ भी होते हैं। सोचे हुए काम को समय पर पूरा कर पाते हैं मामले की तह तक जाते हैं व विस्तृत जानकारी लेते हैं।

मोबाइल नंबर में अंक 3 की उपस्थिति दो बार

⑨⑧①⓪❸②❸①⑤⑨

आपके मोबाइल नंबर में तीन का अंक दो बार हो तो यह आपको कैसे प्रभावित करता है। आपकी कल्पनाएं अच्छी होती हैं, आप जो सोचते हैं, आपका दिमाग तेजी व सतर्कता से कार्य करता है। ये सृजनात्मकता से भरपूर होते हैं। ऐसे लोगों की लेखन, मीडिया या जन-संचार में विशेष रुचि होती है व कथा-लेखन में अपनी एक विशेष पहचान बनती है।

मोबाइल नंबर में अंक 3 की उपस्थिति तीन बार

⑨④②❸❸❸④②⑤②

यदि आपके नंबर में तीन बार तीन आता है तो. आप बहुत ज्यादा कल्पनाशील हो जाते हैं। बहुत मुश्किल से दूसरों से अपने आपको जोड़ पाते हैं। अपनी ही दुनिया में रहते हैं। । । दूसरों की बात बिल्कुल नहीं सुनते व लड़ाई-झगड़ा भी करने लगते हैं हैं। इनके लिए वकालत या राजनीति का कार्य बहुत अच्छा रहता है व किसी एक व्यक्ति साथ कार्य में नहीं टिक पाते या सामंजस्य नहीं कर पाते इसके लिए क्या बदलाव करना पड़ता है।

मोबाइल नंबर में अंक 3 की उपस्थिति चार बार

⑨④②❸❸❸④②⑤❸

बहुत ही अव्यावहारिक हो जाते हैं या डरने लगते हैं। ज्यादातर आत्मविश्वास खो बैठते हैं। रोजमर्रा के जीवन में कार्य करना बहुत कठिन हो जाता है। बहुत ज्यादा सपने देखने लगते हैं और सपनों का हकीकत होना बहुत मुश्किल होता है। खुशियां नहीं रह पातीं, चार बार से अधिक बार आने पर जीवन दूसरों के लिए ही जीना होता है। बहुत ज्यादा चालाक व सांसारिक हो जाते हैं। बड़े-बड़े सपने व सपनों को लेकर योजनाओं की उधेड़बुन में ही लगे रहते हैं। जीवन बहुत मुश्किल हो जाता है। घर वालों के साथ झगड़े होने लगते हैं।

मोबाइल नंबर में अंक 3 की अनुपस्थिति

⑨⑧①⓪②⑦⓪⓪⑤⑥

यदि आपके मोबाइल में अंक तीन नहीं है तो आप सीधी बात करते हैं सच्ची बात किसी को भी चुभ सकती है। अपने बड़ों से या दूसरों से संबंध अच्छे नहीं बना पाते। किसी काम को करने के 'लिए उसकी गहराई में नहीं जाते व जल्दबाजी में निर्णय ले लेते हैं। व्यक्ति केवल अपने बारे में ही सोचते हैं। मतलबी होते हैं सामाजिक नहीं होते। अच्छी तरह सृजनात्मकता व्यक्त करने हेतु तीन नंबर जरूरी होना अति आवश्यक होना चाहिये और निर्णय अपने फायदे के लिए लेते हैं।

अंक 4 अधिष्ठाता ग्रह राहु

यदि आपके मोबाइल नंबर में चार का अंक है तो यह चार दिशाओं स्वस्तिक चिन्ह, जीवन में अनुशासन, बुद्धिमत्ता, व धन व सम्पदा को दर्शाता है। यदि आप अपने दिमाग का सही उपयोग करके कोई कार्य करते हैं, कड़ी मेहनत करते हैं व कार्य करने में नियम व कायदों का पालन करते हैं तो आपकी जीवनचर्या ठीक से चलती है व आप दूसरों के लिए भी मददगार साबित हो सकते हैं। आप आत्मनिर्भरता से कार्य करते हैं; समय पर अनुशासित तरीके से चलते हैं तो सफलता ही पाते हैं। लेकिन कभी-कभी जब आप अपना काम स्वयं करते हैं तो दूसरों पर भरोसा कम हो जाता है। आपके पक्ष में वास्तविकता व दृढ़ निश्चय नजर आते हैं। यदि नहीं तो आप जरा नकारात्मक सोचने लगते हैं व अपने दायरे में ही रहना चाहते हैं दूसरों से कुछ भी बांटना नहीं चाहते व अपने अहम् का रवैया अपनाते हैं।

आपके नंबर में चार नंबर यदि एक बार है तो ठीक है, यदि एक बार या उससे ज्यादा है तो क्या दर्शाता है, आइये देखते हैं।

मोबाइल नंबर में अंक 4 की उपस्थिति एक बार

⑨ ❹ ⑧ ⑦ ② ⓪ ③ ⑤ ⑧ ⑤

एक बार है तो सकारात्मक व्यवहार व अपना कार्य खुद अपने हाथ से करके खुश होते हैं अपनी योजनाओं को स्वयं ही साकार रूप देना चाहते हैं। इनकी खासियत है कि यह अपनी

योजनानुसार कार्य को प्रारंभ व समाप्त करें। यह सफाई पसंद व संगीत तथा हैंडीक्राफ्ट में विशेष रुचि रखने वाले होते हैं। कठिन से कठिन काम को करने की इच्छा रखते हैं।

मोबाइल नंबर में अंक 4 की उपस्थिति दो बार

⑨ ❹ ❹ ② ⑧ ③ ⑤ ⑦ ⑧ ②

आपके नंबर में चार यदि दो बार है तो वह क्या व्यक्त करता है? वह जरूरत से ज्यादा रुचि लेकर अपने आप अपने खर्च पर कार्य करता है। इनके पास किसी भी कार्य को करने के लिए अति उत्तम क्रियाशीलता होती है। वह काम तब तक छोड़ते नहीं, जब तक पूरा नहीं हो जाता। अर्थात् कोई काम शुरू करते हैं और जब तक खत्म नहीं हो जाता, पूरी रुचि से करते हैं। अपनी सृजनात्मकता की विशेष छाप छोड़ते हैं। इनके काम व काम के परिणाम से आप इनके अन्दर के हुनर का आसानी से अंदाजा लगा सकते हैं।

मोबाइल नंबर में अंक 4 की उपस्थिति तीन बार

⑨ ❹ ① ❹ ❹ ③ ⑤ ⑧ ② ⓪

तीन बार चार होने से सुसंगठित होते हैं व वक्त पर काम समाप्त करते हैं तथा समय के पाबंद होते हैं। लेकिन दूसरों के लिए समस्या खड़ी करते हैं। अपनी शक्तियों या सद्बुद्धि का दुरुपयोग करते हैं। अपने ज्ञान व मानसिक क्षमताओं का सही जगह इस्तेमाल नहीं करते और उसका दुरुपयोग करते हैं। खर्च भी बहुत सोच कर करते हैं। या कंजूसी भी कर सकते हैं।

निर्णय भी समय पर नही ले पाते हैं, ज्यादा सोचते हैं।

मोबाइल नंबर में अंक 4 की उपस्थिति चार बार

⑨ ❹ ① ❹ ❹ ③ ⑤ ❹ ② ⓪

मोबाइल नंबर में चार बार चार आने से वह किसी भी काम को लेकर सोचते बहुत ज्यादा हैं व निर्णय नहीं ले पाते, इसलिए समय पर कुछ भी नहीं कर पाते तथा कारोबार व निजी जीवन में

उनके लिए आयी हुई अच्छी उपलब्धियों को खो देते हैं। ऐसे लोग हर काम हाथ से करना चाहते हैं। हाथ के काम में अच्छे होते हैं पर अपना समय बहुत अधिक खर्च करते हैं व उसके परिणाम उतने अच्छे नहीं मिल पाते इसलिए बहुत ज्यादा गणना में ही पड़े रहते हैं कि इतना दिया, इतना मिला नहीं। यह भी नाखुश रहने का एक कारण होता है और ज्यादा सोच कर दुखी रहते है

मोबाइल नंबर में अंक 4 की अनुपस्थिति

⑨⑧①⓪②⑦⓪⓪⑤⑥

चार का अंक यदि मोबाइल नंबर में नहीं है तो हमेशा देर से उठेंगे। बहुत ही अव्यवस्थित होंगे। यदि मोबाइल नंबर में चार नहीं होगा तो हाथ से काम करने से हमेशा घबराते हैं, हर काम जल्दी से करना चाहते हैं व धन को सुनियोजित सदुपयोग नही कर पाते व अच्छी योजना नही बना पाते। हमेशा मेहनत से दूर भागते हैं व घर को ठीक प्रकार से व्यवस्थित व देखभाल नहीं कर पाते व समय पर, काम पूरा नहीं कर पाते हैं। 4 अंक नहीं होने से आलसी प्रवृत्ति के होते जाते हैं, व अपने अमूल्य समय व उपलब्धियों का सही समय पर इस्तेमाल नहीं कर पाते

अंक 5 अधिष्ठाता ग्रह बुध

5 नंबर बुध ग्रह का द्योतक है। यह संतुलन व ज्ञान का नंबर है। व्यक्ति को पूरी आजादी देता है। व्यक्ति से दिल की बात की जा सकती है। यह हमेशा दूसरों को उनके निर्णयों में मदद करते हैं लेकिन स्वयं निर्णय लेने में कभी-कभी समस्या का सामना करते हैं तथा इन्हें एक जगह लम्बे समय तक टिकना थोड़ा कठिन हो जाता है। यदि पाँच का अंक आप के मोबाइल नंबर में है तो यह पृथ्वी तत्व को व्यक्त करता है। जमीन-जायदाद में भी सहायक होता है व आपके व्यवहार में संतुलन लाता है। तथा आपको प्रेरणाशाली व दृढ़ इच्छा-शक्ति प्रदान करता है।

पाँच नंबर आपके जीवन में व्यापार को धन के निवेश को शेयर मार्किट व (जुआ) सट्टा लगाने वाले के नंबर में होना चाहिए।

मोबाइल नंबर में अंक 5 की उपस्थिति एक बार

⑨⑧③⓪❺②⑦⑧⑨①

एक बार पाँच संतुलन को व्यक्त करता है। विश्वसनीय व्यक्ति व इनसे दिल की बात की जा सकती है। यह अपनी पूरी आजादी चाहते हैं व दूसरों की सहायता करते हैं। यह दूसरों को आगे बढ़ने के लिए प्रेरित करते हैं। जो सोच लिया वो ही पूरा करना चाहते हैं व दूसरों की बात कुछ कम सुनते हैं।

मोबाइल नंबर में अंक 5 की उपस्थिति दो बार

⑨⑧①⓪❺❺②③④⑧

पाँच दो बार होने से पक्की लगन व दृढ़ निश्चय वाले हो जाते हैं। यूँ कहें कि थोड़े से जिद्दी हो जाते हैं। अपने काम को जोश से करते हैं। कभी-कभी समस्याओं के समाधान में अपना नियंत्रण खो सकते हैं। जिसकी वजह से घर व पारिवारिक व व्यावसायिक जीवन में थोड़ी कठिनाइयां आने लगती हैं, व दूसरों की समस्या भी अपने ऊपर ले लेते हैं, चाहे बाद में पछताना पड़े। स्वास्थ्य की दृष्टि से ठीक नहीं होते।

मोबाइल नंबर में अंक 5 की उपस्थिति तीन बार

⑨③❺❺❺②⑧②③⑥

आपके मोबाइल नंबर में तीन बार पाँच आने से आप कभी भी कहीं भी बिना सोचे-समझे बोलने लगेंगे, क्योंकि आप में काफी ऊर्जा व ज्ञान होगा। ऊर्जा का सदुपयोग होना चाहिये, यह सोचकर खतरे लेने वाले होते हैं। जीवन में हमेशा बदलाव पसंद करते हैं। दूसरे इनके व्यवहार से बहुत आहत हो जाते हैं। स्वास्थ में पेट से संबंधित बीमारी हो सकती है।

मोबाइल नंबर में अंक 5 की उपस्थिति चार बार

⑨③❺❺❺②⑧②③❺

बहुत जिद्दी व अपनी बात मनवाना चाहेंगे, मनमानी करने लगेंगे, ऐसी हरकतें करते हैं जो सामाजिक रूप से स्वीकार नहीं होतीं। नशे के आदी हो सकते हैं या काम करेंगे तो अति उत्साही हो सकते हैं। ऐसे समय में अपने कार्य में अपनी गति धीमी करने की आवश्यकता होती है। बहुत दुर्घटनाएं हो सकती हैं व बहुत बड़ा खतरा हो सकता है।

मोबाइल नंबर में अंक 5 की अनुपस्थिति

⑨⑧③⓪②②⑦⑧⑨①

यदि पाँच आपके मोबाइल में नहीं है तो ऐसे व्यक्ति अपने दायरे से बाहर नहीं आते व बदलाव को कबूल नहीं करते व संतुलित नहीं रहते। यदि दीवार घड़ी में सब कुछ हो और सेंटर पिन न हो तो कुछ वैसे ही हो जायेंगे।

संतुलन नही होने की वजह से किसी की बात सुनकर पथ-भम्रित हो सकते हैं व स्वास्थ्य संबंधी समस्याएँ होती हैं। इसलिए एक काम में ज्यादा देर तक टिके नहीं रह सकते। इससे उनकी सफलता, घर एवं बाहर का जीवन निश्चित ही प्रभावित होते हैं।

किया प्रतिक्रया दिखाने लगते हैं। जिसके चलते समस्याएँ आती है।

आपके लिये..........

अंक 6 अधिष्ठाता ग्रह शुक्र

नंबर छः देता है जिम्मेदारी, परिजन व मित्रों की सहायता करना, जिम्मेवारी से उनकी जरूरतों को समझना व सभी के साथ एक विशेष जुड़ाव महसूस करना। नंबर छः विशेष तौर पर रंगीन मिजाजी व आरामपरस्ती का भी नंबर कहा जा सकता है। यदि आप घर के बाहर की जिम्मेवारियां निभाते हैं तो यह गलत रिश्तों व रिश्तों को बिगाड़ कर एक गलत लत को भी जन्म दे सकता है। विशेष तौर पर यह पुनः सजावट का, सजावटी व सुन्दर तथा रंगीन चीजों की तरफ आकर्षण का नंबर है। यह नंबर मैत्रीभाव व व्यावहारिकता को बढ़ाता है। यह जीवन में सुख-समृद्धि, सुविधाएं, ऐशो-आराम व सुनहरे अवसरों को लाने वाला नंबर भी है।

आइए जानते है कि छः अंक का एक या अधिक बार मोबाइल में आने से आपके जीवन में क्या प्रभाव होगा।

मोबाइल नंबर में अंक 6 की उपस्थिति एक बार

⑨⑧①⓪⑦❻①③⓪⓪

यदि आपके मोबाइल नंबर में छह एक बार आता है, तो यह लाता है आपके जीवन में-घर व सभी रिश्तों के लिए ढेर सारा प्यार, जिम्मेवारी व काफी सृजनात्मकता से आप अपनी जिम्मेवारियां निभाते हैं। यह अच्छे माता-पिता की भूमिका निभाते हैं। यह सभी की चिंता करते हैं व सभी को खुशहाल देखना चाहते हैं। माता-पिता की पूरी जिम्मेवारियां निभाते हैं।

मोबाइल नंबर में अंक 6 की उपस्थिति दो बार

⑨⑧②⓪❻❻②⑨③⓪

यदि मोबाइल नंबर में दो बार छः आता है तो आपको बदलना होगा क्योंकि यह आपकी चिंता को बढ़ाता है व आप बहुत अधिक सावधानी बरतते हैं, व कई बार अत्यधिक रक्षित हो जाते हैं। सुन्दर चीजों की तरफ विशेष झुकाव, जिसकी वजह से आप अपने क्षेत्र से भटकाव की ओर जाते हैं। बच्चों के लिए चिंता रखते हैं कि उन्हें पाँव पर खड़े होना है व अपनी जिम्मेदारियाँ निभाना खूब आता है।

मोबाइल नंबर में अंक 6 की उपस्थिति तीन बार

⑨⑧❻❻❻⑤⑧⓪⑤

आपके मोबाइल में 6 तीन बार आए तो यह बुराई को इंगित करता है। अर्थात अपनी सुध-बुध, अपनी सामाजिक छवि की सुध-बुध खो कर आप इस छवि का लाभ उठाते हैं व अपनी जिम्मेवारियाँ ठीक से नहीं उठा पाते। नकारात्मक सोचने लगते हैं। आपके कदम जीवन में नकारात्मकता की तरफ बढ़ रहे हैं। व्यावहारिक नहीं होते तथा आपके घरवालों की बजाय बाहर वाले लोग आपकी इन विशेषताओं का लाभ उठा रहे हैं। अपनी इन आदतों को सदुपयोग करने के लिए आपको नृत्य या गायन में भाग लेना चाहिये । समाज सेवा कर सकते हैं।

मोबाइल नंबर में अंक 6 की उपस्थिति चार बार

⑨⑧❻❻❻②⑤⑧❻⑤

यदि आपके मोबाइल नंबर में चार बार छः आता है तो आप अत्यधिक सक्रिय हो सकते हैं। दूसरों के लिए समस्या हो सकती है, अपने वातावरण को नहीं समझ पाते, रोजमर्रा की जिन्दगी में सही से कार्य नहीं करते या। दूसरों के लिए अपना सब-कुछ लुटा बेठते हैं। आपकी प्राथमिकता अपने से ज्यादा दूसरे लोग होते हैं

मोबाइल नंबर में अंक 6 की अनुपस्थिति

⑨⑧①⓪⑦⑧①③⓪⓪

यदि मोबाइल में छः अंक नहीं होगा तो व्यक्ति अपनी जिम्मेदारियों से दूर भागने लगेगा व जीवन से सुनहरे अवसर दूर होते जायेंगे। किसी भी काम को लेकर काफी अड़चने आएंगी। काफी अच्छे मौके आयेंगे लेकिन उनका लुत्फ नहीं उठा पायेंगे। जीवन में सुख-सुविधाओं के लिए छः अंक का होना बहुत ही महत्त्वपूर्ण है। आपके काम करने के ढंग को प्रभावित करता है व आपको व्यावहारिक बनाता है। इस अंक के नहीं होने से हाथ में आयी हुई उपलब्धियाँ व मौके खो सकते हैं तथा आप किसी की जिम्मेदारी निभाने के लिए तैयार नहीं पाते हैं।

नहीं होने से छः अंक पिता के साथ संबंधो में उतार-चढाव लाता हैं, प्रभावित करता हैं।

आपके लिये..........

अंक 7 अधिष्ठाता ग्रह केतु

यदि आपके मोबाइल में सात नंबर है तो आप आध्यात्मिकता की ओर अग्रसर हैं। आपके पास मानसिक शांति है, पूजा-पाठ व भगवान पर विश्वास करते हैं। अपने व्यक्तित्व की छाप छोड़ते हैं, विशेष आकर्षण रखते हैं तथा बहुत सहनशील होते हैं।

जिस प्रकार हफ्ते में सात दिन होते हैं, इन्द्रधनुष में सात रंग होते हैं तथा सप्तऋषि में सात तारे होते हैं। इस तरह से सात नंबर अपने आप में एक पूरक नंबर है। ये व्यक्ति अपने आप में एक विशेष पहचान लिए हुए होते हैं। अपना प्रभाव जरूर छोड़ते हैं। दूसरों की मदद करना इनकी आदत में ही शामिल होता है। यह भरोसेमंद होते हैं। त्याग की भावना होती है व मानसिक शांति होती है। केतु का अंक होने की वजह से दूसरो से प्रभावित होता है।

आइए जानते है कि सात अंक का एक या अधिक बार मोबाइल में आने से आपके जीवन में क्या प्रभाव होगा।

मोबाइल नंबर में अंक 7 की उपस्थिति एक बार

⑨⑧①⓪❼⑥①③⓪⓪

यदि आपके मोबाइल नंबर में सात एक बार आता है तो यह व्यक्त करता है कि आप जीवन में हानि व निराशा से बहुत कुछ खोने के बाद सीखते हैं व फिर भी ऐसे में आपका व्यवहार शांत है और सभी का प्रोत्साहन और साथ आपको मिलता है। जियो और जीने दो के मंत्र का पालन करते हैं।

मोबाइल नंबर में अंक 7 की उपस्थिति दो बार

⑨④⓪①❼❼②③①⑥

अपने ज्ञान व बुद्धि में वृद्धि करते हैं। अपना प्यार, स्वास्थ्य व पैसा खोने के बाद आध्यात्मिक व भगवान को मानने व विश्वास करने लगते हैं। दूसरों से बहुत धोखा मिलता है। यह सब ठीक करने के लिए नक्षत्र विज्ञान में इनकी विशेष रुचि होने लगती है।

केतु मोक्ष का नंबर है जो ज्ञान अर्जन में विशेष सहायक होता है। उनका दिमाग काफी विश्लेषणात्मक होता है जिससे उन्हें समस्या समाधान करने में बहुत मदद मिलती है।

मोबाइल नंबर में अंक 7 की उपस्थिति तीन बार

⑨④①④❼❼❼②③⓪

सभी क्षेत्रों में इन्हें धोखा मिलता है और अपने ही इनको धक्का देते हैं। पैसा, प्यार या स्वास्थ्य को लेकर काफी परेशानी रहती है, बहुत धोखे मिलते हैं। इतनी कठिनाइयों को झेलने के बाद ही इनकी आंतरिक शक्ति का विकास होता है। लेकिन जीवन में बहुत बड़े धोखे से गुजरना होता है, जिसका परिणाम काफी दर्दनाक होता है।

विवाहित जीवन में समस्याएँ आ सकती हैं व निजी जीवन में समस्याओं को बढ़ाता है।

मोबाइल नंबर में अंक 7 की उपस्थिति चार बार

⑨④①④❼❼❼②③❼

बहुत ही कठिन स्थिति हो जाती है। स्वास्थ्य की समस्याएं बढ़ जाती हैं जिनसे निजी जीवन व व्यवसाय में स्थिति ठीक नहीं रह पाती, संतुलन नहीं बन पाता। इतने कष्टों व बलिदान के बाद व्यक्ति ज्ञानी या अच्छा वक्ता जरूर बन जाता है या ज्ञान के इन रहस्यों की ओर चल पड़ता है।

मोबाइल नंबर में अंक 7 की अनुपस्थिति

⑨⑧①⓪③⑥①③⓪⓪

यदि सात आपके मोबाइल नंबर में नहीं है तो जीवन में अशांति रहेगी। संतान सुख नहीं रहेगा। मानन्सिक जीवन तनाव से भरपूर होगा। नास्तिकता व ईश्वर से दूरी होगी। सात नहीं होने से गुर्दे संबंधित रोग भी हो सकते हैं। मधुमेह, मूत्र विकार आदि भी हो सकते हैं। इसलिए सात नंबर का होना भी आपके मोबाइल में जरूरी है। यह नंबर सक्रियता देता है। इसलिए यह नंबर नही होने से क्रिया की गति धीमी होती है। यह अंक उसमें बढ़ोतरी लाता है। एकाकीपन की तरफ भी चले जाते हैं। अपनी समस्या दूसरों से बांट नहीं पाते व हमेशा परेशानियों का घेरा बना रहता है तथा उसको दूर करने की कोशिश भी नहीं कर पाते हैं।

आपके लिये..........

अंक 8 अधिष्ठाता ग्रह शनि

यह नंबर कैरियर, धन व ज्ञान का होता है। आपके जीवन में सुरक्षा लाता है, स्थायित्व लाने वाला नंबर है। यदि आप तरक्की पाना चाहते हैं तो इस नंबर का होना बहुत जरूरी है। यह नंबर कड़ी मेहनत, पुनः जीवन, विनाश व पुनर्निर्माण का प्रतीक है। बहुत विश्वसनीय नंबर है। यदि आप मेहनत करते हैं, अपने ऊपर भरोसा करते हैं योजनाबद्ध कार्य करते हैं और आपके पास आठ नंबर हैं तो आप बहुत सुचारु ढंग से नाप-तोल कर कार्य करेंगे व मामले की तह तक जायेंगे। पहले कार्य के फायदे व नुकसान देखेंगे तथा दूसरों की बातों पर एकदम भरोसा नहीं करेंगे। अपनी क्षमता पर पूरा भरोसा करते हैं।

आइए जानते है कि आठ अंक का एक या अधिक बार मोबाइल में आने से आपके जीवन में क्या प्रभाव होगा।

मोबाइल नंबर में अंक 8 की उपस्थिति एक बार

⑨ ❽ ① ⓪ ② ③ ④ ⑤ ⑥ ⑦

यदि आपके मोबाइल नंबर में आठ है तो आप पैसे का हिसाब-किताब सही रखेंगे। पैसे सही तरीके से संभाल कर रखेंगे। बिना किसी भरोसे के आप लेन-देन नहीं करते। यदि आपको लाभ नजर नहीं आता, आप डील नहीं करेंगे। योजना बना कर कार्य करते हैं। सोच व ज्ञान का सदुपयोग करते हैं।

मोबाइल नंबर में अंक 8 की उपस्थिति दो बार

⑨❽①⓪❽②③⑤⑥⑦

यदि आपके नंबर में आठ दो बार हो तो आपको गुस्सा बहुत आता है। आपको अपने व्यवहार पर नजर रखनी होगी। आपके इरादे मजबूत होते जाते हैं, जिन्हें बदलना थोड़ा मुश्किल हो जाता है। आप खुद अनुभव कर खुद ही सीखना चाहते हैं। दूसरों पर बिल्कुल भरोसा नहीं करते। एक बार निर्णय ले लिया तो बदलना नहीं चाहते। धन या नाम प्रसिद्धि को लेकर बहुत नाप-तोल में पड़े रहते हैं।

मोबाइल नंबर में अंक 8 की उपस्थिति तीन बार

⑨❽①⓪❽③❽⑥②④

यदि आपके मोबाइल नंबर में आठ संख्या तीन बार आती है तो आपकी शुरू की जिन्दगी से खुशियां समझो गायब । बहुत ही भौतिकवादी हो जाते हैं। चालीस साल के बाद इनकी हर खुशी दौलत पर जाकर रुकती है तथा व्यवहार में भी बहुत रूखापन व क्रोध झलकता है। किसी से भी प्यार से बात नहीं करते है। लालची हो सकते हैं व एक निश्चित व्यवहार नहीं रह पाता । केवल अपने बारे में सोचते हैं स्वार्थी हो जाते हैं।

मोबाइल नंबर में अंक 8 की उपस्थति चार बार

⑨❽①⓪❽❽❽②③④

बहुत ही असंतुलित व तनाव ग्रस्त हो जाते हैं। इन्हें अपने जीवन में बदलाव की बहुत आवश्यकता महसूस होती है। यदि यह बदलाव इन्हें बहुत धन-दौलत की तरफ ले जाता है तो थोड़े इंतजार के बाद यह उस रास्ते पर जरूर चलते हैं। अन्यथा बहुत ही घमंडी हो जाते हैं व यश व कीर्ति से बहुत दूर ही रहते हैं। धन को लेकर काफी बदनाम हो सकते हैं।

मोबाइल नंबर में अंक 8 की अनुपस्थिति

⑨④①⓪②③④⑤⑥⑦

यदि आपके नंबर में आठ एक भी बार नहीं है तो यह भी किसी खतरे से कम नहीं, असुरक्षा धन को लेकर, यदि आठ नहीं है क्योंकि आप हर किसी की बात पर भरोसा करने लगते हैं चाहे वह बात आपके भले की हो या नहीं। जहां आप अपने उद्देश्य से भी भटक सकते हैं, दूसरों को अपना सबकुछ दे बैठते हैं।

यदि धन आता भी है तो फिजूलखर्ची में जाता है और रुकता या टिकता भी नहीं है। सही जगह निवेश नही कर पाते है। इसलिए दूर तक का लाभ व धन की ताकत कमजोर पड़ जाती है।

आठ यदि आपके मोबाइल में नहीं है तो धन आता तो है लेकिन जल्दी खर्च हो जाता है। बजट हमेशा खराब रहता है। धन को लेकर असुरक्षित भी हो जाते हैं। धन को ठीक से संभाल नहीं पाते। ज्ञान व धन के मामलों में हमेशा दूसरों पर निर्भर रहते हैं।

अंक 9 अधिष्ठाता ग्रह मंगल

आपके पास नंबर 9 तो होगा ही क्योंकि ज्यादातर भारतीय मोबाइल कम्पनियों के नंबर नौ से ही प्रारंभ होते हैं। इसका अधिष्ठाता मंगल ग्रह भी बहुत महत्त्वपूर्ण है। यह व्यक्ति को उसके सही उद्देश्य, सही नाम, प्रसिद्धि व सद्बुद्धि से नवाजता है। व्यक्ति में अच्छे आचरण को लाता है। व्यक्ति को आदर्श व्यक्ति बनाता है। यह व्यक्ति को तरक्की की तरफ लेकर जाता है। अच्छे व्यवहार, बड़ी सोच व बुद्धि को विस्तृत बनाता है। यदि कार्य इनके हिसाब से न हो तो बहुत असहनशीलता की सूचना भी देता है। ये कुछ भी बोलने लगते हैं या झगड़ा भी करने लगते हैं।

यदि आपके मोबाइल नंबर में नौ एक बार या उससे ज्यादा बार है तो क्या होगा आइये देखते हैं।

मोबाइल नंबर में अंक 9 की उपस्थिति एक बार

❾ ② ① ⑧ ① ⓪ ④ ⑤ ⑥ ④

यदि आपके मोबाइल नंबर में नौ एक बार आता है तो आपके अंदर आगे बढ़ने की तीव्र इच्छा है। उसके लिए आप अपने अंदर सुधार लाने के लिए कुछ भी करेंगे। आप अपनी इच्छाओं व सपनों को हकीकत में बदलने की क्षमता रखते हैं। एक अच्छे व्यक्ति बनने के लिए कुछ भी अच्छा करना पसंद करते हैं। उसके लिए आप अच्छी सोच व दिमाग भी रखते हैं। इच्छा शक्ति को लाते हैं।

मोबाइल नंबर में अंक 9 की उपस्थिति नौ दो बार

❾❾②⑧①⓪④⑤⑥④

यदि आपके मोबाइल नंबर में नौ नंबर दो बार है तो आप काफी आदर्शवादी हो सकते हैं। बुद्धिमान हैं व दूसरों की आलोचना का भी कारण हो सकते हैं। दूसरों से मिलते-जुलते नहीं हैं। अपने को दूसरों से बेहतर ही समझते है। दूसरों से अच्छा व्यवहार भी करते हैं जो दूसरे उनसे आशा नहीं करते। महान व्यक्तियों की तरह व्यवहार करने लगते हैं।

मोबाइल नंबर में अंक 9 की उपस्थिति तीन बार

❾❾②⑧①⓪④⑤⑥❾

यदि आपके मोबाइल नंबर में तीन से अधिक नौ हैं तो यह बात को थोड़ा बड़ा बनाने लगते हैं। यानि राई का पहाड़ बनाने लगते हैं। बिना सोचे-समझे धन लुटाते हैं। दूसरों के सामने अच्छी छवि बनाने के लिए रोजमर्रा की जिंदगी में जो करना चाहिये, वह न करके कुछ अलग हट कर करना चाहते हैं। व जो चाहते हैं, वैसे परिणाम नहीं मिल पाते, व जैसा आप सोचते हैं वैसे समाज में सभी नहीं सोचते तो बहुत जल्दी टूट भी जाते हैं। दूसरों की बात नहीं सुनते। मन करने पर अपना सब कुछ लुटा सकते है। हमेशा दूसरों की सहायता करते है।

मोबाइल नंबर में अंक 9 की उपस्थिति चार बार

❾❾②⑧①⓪④⑤❾❾

मोबाइल नंबर में चार बार नौ होना कोई मुश्किल नहीं है पर आपके व्यक्तित्व पर इसका असर बहुत अच्छा नहीं पड़ता। मंगल का प्रभाव बहुत ज्यादा होने से अपनी ही दुनिया में रहने लगते हैं। अपनी समस्या को दूसरों से कहते नहीं हैं। व अपने आपको उच्च शिक्षित समझने लगते हैं तथा बहुत ज्यादा अन्तर्मुखी हो जाते हैं। सपनों की दुनिया में रहने लगते हैं व अव्यावहारिक हो जाते हैं।

यदि उससे भी ज्यादा नौ हों तो समस्या और ज्यादा जटिल हो सकती है।

मोबाइल नंबर में अंक 9 की अनुपस्थिति

⑧②①⑧①⓪④⑤⑥④

अब हम बात करते हैं यदि नौ आपके मोबाइल नंबर में नहीं है तो आपको कैसा लगेगा व आपके व्यक्तित्व पर किस प्रकार का असर पड़ेगा।

यदि नौ नंबर नहीं है तो आपके व्यवहार में बिल्कुल भी दया भावना नहीं होगी; या आप पूरी तरह से निर्मोही हो सकते हैं। दूसरों की भावनाओं को महसूस नहीं कर पायेंगे। दूसरों की जरूरतों को नहीं समझ पायेंगे तो व्यवहार में वह जुड़ाव नहीं हो पायेगा। बहुत ही जल्दी प्रतिक्रिया करने लगेंगे व झगड़ालू किस्म का व्यक्तित्व हो सकता है। किसी भी क्षेत्र में विशेष पहचान नहीं बन पायेगी व इरादे बहुत ही जल्दी-जल्दी बदलने लगेंगे इसलिए स्थायित्व दूर-दूर तक नजर नहीं आयेगा।

मोबाइल नंबर का प्रभाव

मोबाइल नंबर आपके जीवन पर किस तरह प्रभाव डालता है आइये देखें। उदाहरणतया आप के पास एक मोबाइल नंबर है 9350882241 हमें यह देखना है यह किस भाग पर ज्यादा प्रभाव डाल रहा है।

4	9	2
3	5	7
8	1	6

4	9	22
3	5	X
88	1	X

लो-शू-ग्रिड सूत्र

अर्थात-9810761300=8

X	9	X
3	X	7
8	11	6

यदि जीवन में आप अपने उद्देश्य तक पहुंचना चाहते हैं तो उसके लिए सही सोच, सही उद्देश्य की पूर्ति में आपको मदद नहीं दिला पायेगी या आपके पास याददाश्त अच्छी होते हुए भी

आप अपनी सृजनात्मकता का इस्तेमाल नहीं कर पा रहे होंगे। यह मोबाइल नंबर आपको धन लाभ व मोह-माया से पृथक करता रहेगा। साथ ही यह मोबाइल नंबर आपको जमीन जायदाद के सुख से भी वंचित कर सकता है।

उदाहरण तीन - जन्मतिथि 22/2/1960

9839691580

4	9	222
X	X	X
X	1	6

X	999	X
3	5	X
88	1	6

आपका मोबाइल नंबर व्यक्त करता है या दर्शाता है कि आप एक उदार इनसान हैं। दूसरों की मदद के लिए हमेशा आगे रहते हैं। जीवन में जो कुछ भी पाया है, मेहनत से मिला है। कारोबार में अपनी बुद्धि का इस्तेमाल नहीं हो पा रहा है। योजना में आपका बहुत भरोसा रहता है। अपने दिल की बात नहीं कह पाते। जीवन में पहला स्थान व्यावहारिकता व दूसरों की मदद को देते हैं।

आप क्या चाहते हैं वो अभिव्यक्त नही करते हैं।

जिसकी वजह से आशाएं भी बढ़ जाती हैं। जो नहीं मिल पाता, उसकी वजह से दुःख भी होता है।

जन्मतिथि: 22/2/1960

X	9	222
X	X	X
X	1	6

मोबाइल नंबर: 9839691580

X	99	X
3	5	X
8	1	6

यह किस व्यक्ति से संबंधित है? उसकी जन्मतिथि पर यह नंबर कितने एक-दूसरे पर प्रभाव डालते हैं? तथा यह मोबाइल नंबर रखने से उस व्यक्ति का क्या व्यक्तित्व होगा?

उदाहरण एक में बहुत तीव्र बुद्धि रखने वाला, योजनाबद्ध तरीके से कार्य करने वाला व्यक्ति है। धन लाभ भी अवश्य रहने वाला है। पर इस नंबर के रहते दूसरों से आशाएं बढ़ेंगी तथा सुनहरी अवसर को नहीं ले पायेंगे। व्यक्ति अपनी बात को ठीक से व्यक्त नहीं कर पायेंगे लेकिन यदि उनकी जन्म तिथि में 1, 6 या 7 नंबर है तो काफी संतुलन रह पायेगा।

उदाहरण दो में वैवाहिक जीवन का सुख नहीं रहेगा। मोबाइल नंबर में पाँच संख्या नहीं है, जिसकी वजह से संतुलन की कमी रहेगी। जीवन में मेहनत ज्यादा करेंगे व उसके नतीजे व लाभ जो आपको मिलने चाहिये, वो पूरी तरह से नहीं मिल पायेंगे।

कैसे चुनाव करें सही मोबाइल नंबर का जन्मतिथि के अनुसार

यदि आपको आपकी जन्मतिथि से चुनाव करना है कि यह मोबाइल नंबर आपके लिए सही है या नहीं, आपकी ग्रहों की चाल को सही संतुलन देने वाला नंबर कौन सा है - आइये देखते हैं किस प्रकार चुनाव करें व किन महत्वपूर्ण बातों का आपको ध्यान रखना है।

उदाहरणस्वरूप-

किसी व्यक्ति की जन्म तिथि है 12 मार्च 1966 यानि 12/3/1966 और उनका मोबाइल नंबर है-9261633333

सबसे पहले इनकी जन्मतिथि से हम लो-शू-ग्रिड बनाते हैं।

जन्मतिथि: 12/3/1966

X	9	2
3	X	X
X	11	66

मोबाइल नंबर: 9261633333

X	9	2
333333	5	X
X	1	66

यह मोबाइल नंबर इनके लिए बिल्कुल भी ठीक नहीं है। यह इनकी जीवनशैली, रिश्ते-नाते व व्यक्तिगत जीवन को काफी प्रभावित करता पाया गया।

हमें इनके लिए ऐसा मोबाइल नंबर खोजना है कि वह उन्हें आगे बढ़ने की प्रेरणा दे व उनके जीवन में, उनके निजी रिश्तों, कारोबार-व्यापार में तरक्की दे। यह सभी जिम्मेवारियां भी निभा रहे हैं। काम भी कर रहे हैं फिर भी जीवन में समस्याएं सभी तरह की हैं - जैसे स्वास्थ्य संबंधी, रिश्तों संबंधी तथा आर्थिक समस्याओं से भी जूझ रहे हैं।

ठीक इसी प्रकार दूसरा उदाहरण लेते हैं। इसलिए इनके नंबर से 3, 9 का दोहराव हटाना होगा व 4, 7, 8 नंबर को लाना होगा इनके मोबाइल नंबर में व जन्मतिथि के साथ नंबर का संतुलन देखना अति आवश्यक होगा; तभी सब कुछ ठीक चल पायेगा।

जन्मतिथि: 17/11/1957

X	9	X
X	5	77
8	1111	XX

मोबाइल नंबर: 9981175717

X	9	X
X	5	7777
8	111	X

जीवन में इन्हें अभी तक कड़ी मेहनत के बाद जो परिणाम मिलने चाहिये थे, वो नहीं मिले हैं व शादी व सुख-शांति की खोज में हैं पर वैवाहिक जीवन में भी बहुत समस्या, संतान सुख में भी समस्या, जीवन में कोई भी सुख समय से नहीं मिल पाया।

इनकी खुद की विशेषताओं की बात करें तो ये एक अच्छे व्यक्ति हैं। ईश्वर व भक्ति भावना की कोई कमी नहीं है लेकिन अभी तक जीवन में सबकुछ न्यौछावर ही किया है, बलिदान ही किया है, कुछ पाया नहीं है।

व्यक्ति व उसके मोबाइल नंबर की तुलना की गई तो यह नंबर उसके व्यक्तित्व की ही तरह पाया गया।

इनके नंबर में 7 व 1 अंक का दोहराव हटाया जाये 2,3,4,6 नंबर का मोबाइल नंबर में अंक होना आवश्यक है।

ये इत्तफाक कहिये या भाग्य। हमें अपने सही मोबाइल नंबर का चुनाव करने का हक है आप अपने मोबाइल का चुनाव कैसे करें, आइये विस्तृत में बात करें-

1. आपके मोबाइल नंबर का योग आपका मित्र नंबर होना चाहिये।

2. सभी ग्रहों व नंबरों का सामंजस्य व संतुलन होना चाहिये।

3. यदि आप नाप-तौल करने बैठें तो आपके मोबाइल नंबर में एक ही ग्रह की शक्ति बारी-बारी न दोहराएं।

नोट: विशेषतः आपकी जन्मतिथि का शत्रु नंबर जो आपको बहुत खतरे में डाल सकता है।

4. आप जीवन में किन चीजों को प्राथमिकता देते हैं, शिक्षा, ज्ञान, व्यक्तिगत जीवन, धन, हैसियत उसके हिसाब से मोबाइल नंबर में ग्रहों के नंबर घटाये व बढ़ाये जा सकते हैं।

5. यह भी जरूर देखें कि आपका मोबाइल नंबर का योग आपके मूल नंबर यानि मूलांक व भाग्यांक या भाग्य नंबर के साथ मित्रवत् हो।

6. अन्त में यह भी अति आवश्यक होगा, यदि आप अपना व्यक्तिगत वर्ष जानते हैं तो उसके साथ अभी आपके जीवन में क्या प्राथमिकता है? उसके साथ तालमेल बैठता है या नहीं? यदि आप चाहते हैं, अपना जीवन खुशहाल तो नजर अवश्य डालें, कहीं आपका मोबाइल नंबर तो जिम्मेवार नहीं है।

7. आपके मोबाइल नंबर में वह नंबर हो जो आपकी जन्मतिथि में न हो, वह नंबर आपकी नंबर शक्ति को बढ़ाते हैं, ठीक उसी प्रकार जैसे हम नाम का संतुलन करते हैं। हमें अपने नंबरों को जरूर संतुलन में लाना होगा।

8. मोबाइल नंबर में आपके शत्रु अंक का दोहराव न हो।

9. आपको जो जीवन में नहीं मिला वही नंबर अपने मोबाइल नंबर में लाकर आप अवश्य पा सकते हैं।

10. स्टाइल की बजाय उसकी उपयोगिता पर ज्यादा गौर फरमाना चाहिए। निश्चित ही आपके मोबाइल नंबर के अंक आपका व्यवहार व व्यक्तित्व बनाते हैं तो आप अच्छा चुनाव कर सकते हैं जो अवश्य आपके जीवन में संतोष और संतुष्टि लाएगा।

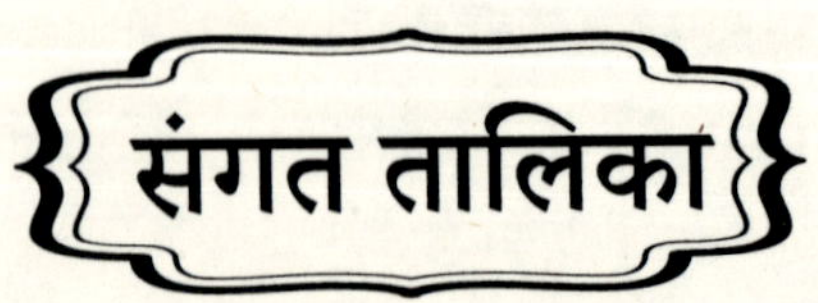

ग्रह	संख्या	मित्र	तटस्थ	शत्रु
सूर्य	1	1, 2, 3, 9	5,7	4,6, 8
चंद्र	2	1,2,3,7	6,8,9	4,5
गुरु	3	1,2,3,9	4,7,8	5,6
राहु	4	2,4,5,6,7	9	1,3,8
बुध	5	1,4,5,6,7	3,8,9	2
शुक्र	6	4,5,6,8	3,7,9	1,2
केतु	7	4,7,8	3,5,6	1,2,9
शनि	8	4,5,6	3,7	1,2,9
मंगल	9	1,2,3,9	6,8	4,5,7

आपके मोबाइल नंबर का योग क्या है?

क्या यह भी आपके व्यक्तित्व के बारे में कुछ कहता है।जी हाँ, बहुत कुछ कहता है। आपके नंबर का योग आपके जीवन में कुछ चमत्कार जरूर कर दिखाएगा । जी हाँ, कहीं आपके मोबाइल नंबर का योग आपका शत्रु नंबर तो नहीं? आइये देखते है, इसको कैसे देखते हैं।

यदि आप के मोबाइल नंबर का योग अंक 1 हो

आप ऊर्जा से भरपूर व आत्मविश्वासी हैं। आत्मनिर्भर हैं। आपका वर्चस्व छाया रहेगा। आपका स्वामी है सूर्य। यह मोबाइल नंबर आपके व्यक्तित्व व कारोबार में वृद्धि व यश-कीर्ति लायेगा, आप आविष्कारक हो सकते हैं। अपनी बात को आसानी से व्यक्त कर पाते हैं एक स्पष्टता आपके निर्णयों में एक दृढ़ कदम होगा।

यदि आप के मोबाइल नंबर का योग अंक 2 हो

तो आप बुद्धिमान व मैं समझदार व अपने घर में सबसे अच्छे सम्बन्ध बना पायेंगे। यह आपको सहनशीलता देता है। व सक्रियता को बढ़ाता है। जब आपके सम्बन्ध सबसे बहुत अच्छे होते हैं तो उससे आपके कारोबार व व्यापार में भी बढ़ोतरी होती है। आप

अपना काम दिल लगाकर करने वालों में से हैं तथा आपके व्यक्तिगत रिश्ते घर व बाहर बहुत अच्छे होते हैं। आप भावनाओं को ज्यादा प्राथमिकता देते हैं।

यदि आप के मोबाइल नंबर का योग अंक 3 हो

यदि आप के मोबाइल नंबर का योग तीन आता है तो आप अपना कार्य योजनानुसार करते हैं व सभी के साथ बोल-चाल में अच्छे हैं। आपके पास काफी अच्छी याददाश्त है। आप सभी को आदर देते हैं व बड़ों की छत्र छाया में सुरक्षात्मक कवच की तरह रहते हैं। लोग आपके साथ रहना पसंद करते हैं व आपकी बात का बहुत अधिक वजन रहता है। आपका सामाजिक दायरा काफी बढ़ जाता है। आपकी क्षमताओं व रुचियों को पूरा बढ़ावा मिलता है।

यदि आप के मोबाइल नंबर का योग अंक 4 हो

आप बहुत अनुशासनप्रिय होते हैं। नियम व कायदे- कानून से काम करते हैं। योजनानुसार कार्य करना पसंद करते हैं। मेहनत से काम करने के लिए तैयार रहते हैं। अपने उद्देश्य की प्राप्ति के लिए मेहनत करते हैं। यदि योग चार नंबर है तो काम थोड़ी देर से व मुश्किल से पूरा होता है। यह नंबर बाधाओं को या अवरोधों को भी लाता है। यदि आप निर्णय लेने में बहुत वक्त लगाते हैं तो रुकावटें तो आ ही सकती हैं।

यदि आप के मोबाइल नंबर का योग अंक 5 हो

यह जीवन में नई दिशा, कुछ नये आयामों को आता है। लेकर यह नंबर आपके जीवन में विभिन्नता लाता है व कुछ कर दिखाने की चाह में आप पूरी ऊर्जा व सकारात्मक तरीके से उस राह को अपनाते हैं। यदि आप काम को सही तरीके से करते हैं तो नतीजे भी सही मिल सकते हैं। क्योंकि यह अंक संतुलन व सम व्यवहार लेकर आता है व उसके नतीजे भी आपके पक्ष में

ही रहते हैं। ऐसे समय में आप जोश में वह सब काम भी कर जाते हैं जो कभी आपको असंभव लगते हों तथा यह अंक भावनाओं पर पूरी तरह नियंत्रण रखता है व आपकी इच्छा शक्ति को मजबूत बनाता है।

यदि आप के मोबाइल नंबर का योग अंक 6 हो

यह आपको सभी तरह की आपको सुख-सुविधायें दिलाता है व जिम्मेवार बनाता है। नंबर छः आने से आपके हो जीवन में ढेर सारे सुनहरी अवसर बारी-बारी आते रहते हैं व आपके निर्णयों को पक्का करते हैं।आपके विचारों को मजबूत करवाता है।

आप थोड़ा आरामपरस्त हो जाते हैं। जब थोड़ी सुख-सुविधाओं की आदत हो जाती है तो आप मेहनती थोड़े कम हो जाते हैं व अपने घर में आपकी विशेष रुचि हो जाती है। आप घर को सजाने की सोचने लगते हैं। आपकी ऊर्जा अधिकतर वहीं खर्च होती है जिन्हें आप प्यार करते हैं। सुनहरे अवसरों का पूरा लाभ मिलता है।

यदि आप के मोबाइल नंबर का योग अंक 7 हो

यदि आपके मोबाइल नंबर का योग सात है तो आपको थोड़ा सावधान रहना होगा। आप सबके लिए तो बहुत विश्वसनीय हैं लेकिन यह जरूरी नहीं कि लोग भी आपके लिए विश्वसनीय रहें। स्वास्थ्य को लेकर सतर्कता जरूर बरतनी चाहिये। मोबाइल का योग सात है तो इसका अर्थ है कि यह बहुत भाग्यशाली अंक है। यह आपको जीवन में सीखने-सिखाने की प्रेरणा देता है व आध्यात्मिकता की ओर अग्रसर करता है। योग सात होना यानि भगवान की तरफ भरोसे को बढ़ावा मिलना। या आज की इस वैज्ञानिक जीवन शैली में नई तकनीकों की तरफ बढ़ने का। यदि योग सात है तो देश-विदेश में सफलता दिलाने वाला नंबर है। एक जगह से दूसरी जगह तबादला या बदलाव ला सकता है या यात्रा करवा सकता है। बारी-बारी आपकी दिनचर्या में फेर-बदल करवा सकता है।

यदि आप के मोबाइल नंबर का योग अंक 8 हो

यह अंक आपको बहुत मेहनत करवा सकता है। आप जल्दी से किसी पर भी भरोसा नहीं कर पायेंगे साथ ही ज्ञान व शिक्षा के क्षेत्र में बढ़ोतरी करवा सकता है। निश्चित ही धन लाभ की ओर भी अग्रसर करवाता है। यह अंक आपको मेहनत अधिक, लाभ कम करवाता है। अनुभव तो आपको अधिक हो जाता है पर स्वास्थ्य संबंधी परेशानियां भी दिला देता है। अधिक कार्य से स्वास्थ्य की अनदेखी जरूर हो जाती है।

यदि आप के मोबाइल नंबर का योग अंक 9 हो

यह अंक बुद्धिमान व बुद्धि का सदुपयोग करवाता है। आपके इरादों को दृढ़ मजबूती देता है जिससे अंक आपको यश-कीर्ति भी दिलाता है। यह अंक अच्छे इंसान, अच्छे व्यवहार व उदारता का प्रतीक है। इसी वजह से दूसरे लोग आपसे काफी लाभ भी उठाते हैं या कई बार आपको इतना अभिमान दिलाता है कि सबसे दूर कर देता है और आपको अकेलापन भी हो सकता है।

भाग्यशाली नंबर के अनुसार मोबाइल सेट एवं उसके कवर का सही चुनाव

रंग हमारे जीवन में बहुत महत्त्व रखते हैं। किसी व्यक्ति की शारीरिक, मानसिक व भावनात्मक स्थिति पूरी बदल सकते हैं। जो रंग हम इस्तेमाल करते हैं वह हमें पूरी तरह प्रभावित करते हैं। ठीक उसी प्रकार जैसे यदि वास्तु के अनुसार सही दिशा में सही रंग का इस्तेमाल न किया जाये तो पूरी जिंदगी तहस-नहस हो सकती है और यदि वैज्ञानिक दृष्टिकोण से देखा जाये तो छोटे-छोटे परिवर्तन हमारे जीवन के हर क्षेत्र में बहार ला सकते हैं। इसे पूरी तरह से विश्वास करके ही हम समझ सकते हैं। रंगों का सही चुनाव हमारे घर में ही नहीं, हमारे व्यक्तित्व में भी निखार लाता है।

सही रंग व्यक्ति को किस प्रकार प्रभावित करते हैं?

1	व्यक्ति की क्रिया/प्रतिक्रिया को प्रभावित करते हैं
2	आपके व्यक्तित्व को प्रभावित करते हैं
3	आपके व्यवहार व आदतों में परिवर्तन लाते हैं

रंगों से हम न सिर्फ तनाव/चिड़चिड़ेपन, दृष्टिदोष या फिर गलतियां सुधार सकते हैं वरन हर प्रकार की असुरक्षा को कम कर सकते हैं। समायोजन व सही रंगों का चुनाव उनकी प्रकृति व प्रभाव की पूरी जानकारी के अनुसार करना चाहिये। सही रंगों का इस्तेमाल कर हम तनाव व अवसाद को कम कर सकते हैं।

वहीं दुर्घटनाओं से भी बच सकते हैं। घर व कार्यालय में वातावरण तनाव रहित बना सकते हैं। आपसी संबंधों में मधुरता ला सकते हैं।

क्या रंग बताते हैं कि आपके मोबाइल के कवर का रंग आपको किस तरह प्रभावित करता है?

मनोवैज्ञानिकों का कहना है कि आपके मोबाइल का रंग आपके व्यक्तित्व को जरूर जाहिर करता है। आप पर क्या प्रभाव डालता है यह रंग ? हर रंग का सकारात्मक व नकारात्मक प्रभाव मिलाजुला होता है। मूल रंग हमारे व्यक्तित्व को व्यक्त करते हैं।

प्राथमिक रंग

लाल	→	**शरीर**
नीला	→	**दिमाग**
पीला	→	**भावनाओं**
हरा	→	**इन सब में संतुलन लाता है**

-लाल-

यदि आपके पास लाल रंग का सेट है तो आप आशावादी व्यक्ति हैं। सभी से खुलकर बात करते हैं। यश भी मिलता है। गुस्सा भी जल्दी आता है। आप जल्दी से अपनी तरफ से क्रियाशील रहते हैं। जिनकी वजह से गलतियां होने के पूरे आसार बढ़ जाते हैं। स्वास्थ्य पर पूरा प्रभाव पड़ता है। जैसे थकान, तनाव या अपना रक्त संचार बढ़ा सकते हैं। ऐसे लोग थोड़ी जल्दबाजी में काम करते हैं। क्रोध ज्यादा आता है तो आदर भी खोते हैं। अपनी भावनाओं को समझना

नहीं चाहते। यह खतरे का निशान भी है। ठीक उसी प्रकार जैसे लाल यातायात लाइट आपको रुकने का संकेत देती है।

-नीला-

यह रंग आपको बुद्धि देता है विषय को समझाने की। कारोबार में आगे बढ़ने, दूसरों के प्रति आपके व्यवहार, आदान-प्रदान, सुनने-सुनाने, दूसरे से अपनी बात मानने व मनवाने को प्रभावित करता है।

इसलिए यह ज्यादातर कहा जाता है कि इसे साक्षात्कार के वक्त इस्तेमाल करें। यह सेट इस्तेमाल करने से उन्नति व तरक्की देगा व कैरियर में सारे रास्ते खुलते चले जायेंगे । नकारात्मक प्रभाव इस रंग का यह है कि आप मूडी हो जाते हैं। ज्ञान के क्षेत्र में आगे बढने के लिए भी नीला रंग शुभ होता है।

-हरा-

ईमानदारी व समृद्धि का प्रतीक व भावनाओं को ठीक से व्यक्त करने का रंग है। यह रंग इंसान के व्यवहार में संतुलन लाता है। एक दूसरे से जोड़ कर रखने का रंग है। आप सामाजिक होते हैं और व्यवहार में समता रखते हैं। यह हृदय चक्र का रंग है।

-पीला और सुनहरा-

यह चमकदार रंग आपकी सोच व विचारों को व्यक्त करता है। आपकी विश्वसनीयता को व्यक्त करता है। सही समायोजन के साथ आप रहते हैं। कभी-कभी व्यवस्थितता कम व्यक्त कर पाते हैं। थोड़ा शर्मीलापन रखने वाले होते हैं।

-जामुनी या बैंगनी-

बुद्धिमान व सृजनात्मकता से भरपूर व आध्यात्मिक, एकाग्रता को लिए होते हैं।

-नारंगी-

अच्छे व्यवहार वाले व सामाजिक व्यक्ति होते हैं। उदार, सहायक व अच्छी छवि रखते हैं। समाज में अच्छी छवि को बनाए रखते हैं। अपने आप के लिए कुछ नहीं करते। त्याग की भावना होती है।

-भूरा-

ऊर्जा से भरपूर होते हैं। जल्दी निर्णय नहीं लेते। बहुत हिसाब-किताब रखने वाले होते है। दूसरों पर जल्दी भरोसा नहीं करते। पृथ्वी तत्व का रंग है।

-गुलाबी-

संबंधों को मधुर रखने वाले होते हैं। व्यवहार में भी बहुत आगे बढ़ने वाले होते हैं। रिश्तों को लेकर बहुत जल्दी प्रभावित भी होते हैं। संवेदनात्मक या भावना प्रधान व्यक्ति होते हैं। कोमल हृदय के स्वामी होते हैं।

-काला-

यदि आपके पास काले रंग का मोबाइल फोन है तो आप किसी भी निर्णय को लेकर दूसरों से कुछ छुपाते नहीं हैं। हर चीज या हर बात की स्पष्टता रखते हैं। दिखावा भी पसंद नहीं करते। आप अपने व्यवसाय में सफल ही होते हैं। लोगों को आपके बारे में दो बार सोचना नहीं पड़ता। आप बहुत विश्वसनीय व्यक्तित्व रखते हैं इसलिए लोग आपसे काफी प्रभावित भी होते हैं। आपका आत्मविश्वास व दृढ़ निश्चय आपको और प्रभावी बनाता है। काले रंग की एक और खासियत है। जहाँ यह व्यवसाय में आपको सफलता प्रदान करता है, दूसरी तरफ रिश्तों में आप अपने आपको सिद्ध करने की बात नहीं करते इसलिए रिश्तों में वो स्पष्टता नहीं दिखाई देती ।

-सफेद-

सफेद रंग का मोबाइल सेट आपके व्यक्तित्व में चार चांद लगाता है। आपके व्यक्तित्व में निखार लाता है। यह एक शुद्ध, समरस, सच्चे व हर बात् को गंभीरता से लेने वाले व्यक्तित्व को व्यक्त करता है। आप काफी अकेलापन भी महसूस कर सकते हैं। चंद्र गृह व्यक्त करता है।

-ग्रे-सिल्वर-

आजाद ख्यालों को रखने वाले व्यक्तित्व को जाहिर करता है। यह व्यक्त करता है कि आप बहुत जल्दी से मित्रता कर लेते हैं। आपके मित्रों की संख्या बहुत अधिक होती है। आप सभी की सहायता के लिए हमेशा तैयार रहते हैं। आप काफी सक्रियता रखने वालों में से हैं। लोग आपसे काफी आशा भी रखते हैं व आप उनकी आशाओं पर खरे भी उतरते हैं।

क्या बयान करती है आपकी कॉलर ट्यून

आप किसी के भी मोबाइल फोन पर फोन करते हैं तो रिंगटोन की बजाय विभिन्न प्रकार की धुनें, हिन्दी व अंग्रेजी गाने, प्यार-मोहब्बत वाले, देश-प्रेम वाले या किसी तरह के मस्ती वाले भी हो सकते हैं। कभी किसी की कॉलर ट्यून विभिन्न प्रकार की आवाजें, बच्चों की, बड़ों की; या संवादों को भी मिलाकर बनायी गयी होती है।

यह संवाद उनके खुद की आवाज में या किसी फिल्म के संवाद भी हो सकते हैं। यदि हम मनौवैज्ञानिक तरीके से अध्ययन करें तो यह ट्यून असल में व्यक्ति व उसके व्यक्तित्व की पहचान होती है।

कुछ लोगों की कॉलर ट्यून में गाने-डिस्को व पॉप संगीत से लिए जाते हैं या कुछ मधुर व हल्की धुनों से ही बहुत खुश रहते हैं। व कुछ लोग भगवान की श्रद्धा व भक्ति वाली कॉलर ट्यून लगाते हैं।

यदि आप किसी व्यक्ति के व्यक्तित्व के बारे में जानना चाहते हैं तो तुरंत रिंग कीजिए। जी हाँ, कॉलर ट्यून उस व्यक्ति की सोच, विचार, रुचि और जीवन के प्रति उसका रवैया पूरी तरह से अभिव्यक्त करती है।

कॉलर ट्यून से भी आपके व्यक्तित्व का पता चलता है। जैसे कि धार्मिक संगीत लगाने वाले आस्तिकता की भावना रखते हैं व धार्मिक प्रवृत्ति के होते हैं। इस समय आपको कौन-सा संगीत या धुन पसंद है, इसका पता चलता है।

यकीनन यह आपके व्यक्तित्व को व्यक्त करती है। साथ ही आपकी हैसियत को भी दर्शाती है। व कहीं अपनी भाषा जैसे पंजाबी व कन्नड़, तेलगू वह भी अपने समाज के प्रति जुडाव का जज्बा दिखलाते हैं।

आपके लिये..........

कॉलर ट्यून व आपका व्यक्तित्व
हिन्दी फिल्मों के गीत

कुछ लोग अपने आपको या अपनी भावनाओं को व्यक्त नहीं कर पाते। ऐसे में वे अपनी बात कहने के लिए मिलता-जुलता गाना चुन लेते हैं। जैसे कोई व्यक्ति अगर किसी से प्यार करता है और कहने में झिझक महसूस करता है तो गाने को माध्यम बनाकर सबकुछ कह देना चाहता है। या वही गाना चुनता है जो आपको अच्छा लगता है या आपको बोल अच्छे लगते हैं। आप किस प्रकार की सोच रखते हैं व आपका व्यक्तित्व व दायरा कितना विस्तृत है, यह गाने से जाना जा सकता है।

अंग्रेजी गाने

कुछ लोगों की कॉलर ट्यून अंग्रेजी धुन या अंग्रेजी गाना होती है। इसमें बहुत जोर का संगीत होता है और शोर-सा प्रतीत होता है। कुछ लोगों को तो ठीक से गाने व धुन का अर्थ भी नहीं मालूम होता। ऐसे व्यक्तित्व को क्या कहें, वो सिर्फ व्यक्त करना जानते हैं। उन्हें हम दोगला व्यक्तित्व कह सकते हैं। जो असलियत वे समाज या अन्य व्यक्तियों के सामने जाहिर करना चाहते हैं वो नहीं है। या सिर्फ संगीत की धुन अच्छी लगती है। धुन को देख कर भी व्यक्ति कितना कठोर या नर्म है, पता चल पाता है। ऐसे व्यक्ति अपने दिल की या अंदर की आवाज नहीं सुन पाते। उन्हें तेज आवाजों का ही शोर पसंद होता है।

बच्चों की आवाजें

ऐसी ट्यून अधिकतर वे लगाते हैं जो दूसरों का ध्यान अपनी ओर आकर्षित करना चाहते हैं व अपनी उम्र से कम लगना चाहते हैं। उनकी उम्र तो बढ़ जाती है परन्तु अन्तरमन से वे बच्चे ही

बने रहना चाहते हैं अर्थात् वे अपनी जिम्मेवारियों से बचना चाहते हैं। वे जीवन में व्यावहारिक नहीं होते।

रीमिक्स गाने

ये एक भ्रमित व्यक्तित्व को जाहिर करते हैं। ऐसे कालर ट्यून वालों को खुद ही पता नहीं होता कि उनको क्या चाहिये? किस चीज से उन्हें खुशी मिलेगी? वे स्वयं ही निश्चित नहीं कर पाते, यकीनन वे भ्रमित रहते हैं। जीवन में भी अपने निर्णयों के लिए दूसरों पर ही निर्भर रहते हैं।

धार्मिक गीत या भजन

जो लोग भजन, धार्मिक गीत या मंत्र लगाते हैं वे दो प्रकार का व्यक्तित्व जाहिर करते हैं। प्रथम वाकई में वे ईश्वर भक्ति व आस्तिक प्रवृत्ति के होते हैं व सुपर पावर पर उन्हें पूरा भरोसा होता है। अपनी आस्था, श्रद्धा व पूरी तरह से समर्पण भाव भगवान के प्रति महसूस करते हैं। अपना ईश्वरीय प्रेम जाहिर करते हैं व मंत्रों के सुनने-सुनाने से वे अपने रिश्ते, कारोबार, व्यापार में ईश्वरीय शक्ति को अपने साथ आशीर्वाद के रूप में रखना चाहते हैं। लेकिन सारे व्यक्ति एक जैसे नहीं होते। दूसरे तरह के व्यक्तित्व वाले लगाते तो धार्मिक भजन व धुनें हैं। असलियत में अपने असली व्यक्तित्व से विपरीत होते हैं। वे अपनी इच्छाओं, अपनी सोच, अपनी बात का दबाव व प्रभाव बनाने के लिए ही धार्मिक धुनों का सहारा लेते हैं।

फिल्मी डायलाग, संवाद और कोई हंसी-मजाक का चुटकुला

जो इन्हें अपनी कॉलर ट्यून बनाते हैं, उनका व्यक्तित्व चाहे हास-परिहास का कारण न बने, पर अपने अधकचरे ज्ञान पर इतराते हैं। अपनी इस प्रकार की ट्यून से वे एक गलत व्यक्तित्व का संदेश दे जाते हैं। चाहे आप इसे इतना गहराई से न सोचें, पर आपको कॉल करने वाला व्यक्ति आपको गहरा या विश्वसनीय नहीं समझेगा व इस प्रकार कि कॉलर ट्यून आपके असंतुलित या अपरिपक्व व्यक्तित्व को जरूर अभिव्यक्त करती है। यदि आपको उसके नकारात्मक प्रभाव देखने हैं तो अपने मित्रों व सहकर्मियों से जानकारी ले सकते हैं। हो सकता है, यदि आप व्यापारी हैं तो आपके अधीनस्थों पर आपकी सही छवि न पड़े। लोग आपको गलत समझ सकते हैं।

देशभक्ति गीत या अपनी भाषाओं के गीत

जिन व्यक्तियों की कॉलर ट्यून देश प्रेम के गीतों की होती हैं या अपने धर्म या भाषाओं के गाने से ली होती हैं वे व्यक्ति सामाजिक किस्म के होते हैं। वे समाज के लोगों की वाहवाही लेना चाहते हैं। वे अपनी सामाजिक छवि को बहुत ऊँचा देखना चाहते हैं। इसलिए अपने देश प्रेम को व्यक्त करते हैं ताकि लोग आपको अपना नेता या देश का नेता जरूर बनायें। यदि आप राजनीतिक कैरियर में हैं तो आपको ढेर सारे वोट मिलने में भी यह कॉलर ट्यून काफी काम आ सकती हैं।

-उदाहरण-

ये देश है मेरा, मेरे देश की धरती

भारत मेरा देश ये न्यारा है

हमको अपनी जान से प्यारा है

मंत्र

कुछ लोग अपनी कॉलर ट्यून मंत्रों के उच्चारण से लेते हैं। यह भी कमजोर व्यक्तित्व को दर्शाता है क्योंकि इससे वे अपनी ताकत बढ़ाना चाहते हैं। कुछ अपने साथ शुभ धुन रखना चाहते हैं जो उनके लिए भाग्यशाली हो।

-उदाहरण-

गायत्री मंत्र, महामृत्युंजय मंत्र।

ऊँ का जाप या हनुमान चालीसा

प्राकृतिक धुनें या प्रकृति से जुड़ी धुनें

कुछ लोग अपनी कॉलर ट्यून प्रकृति से चुनते हैं, जैसे लहरों की धीमी आवाज, बारिश की बूंदों की खनक या पक्षियों के चहचहाने की आवाजें, मुर्गे की बांग, झरने की आवाज या

कभी-कभी तूफान या बवंडर की आवाजें भी हो सकती हैं। इससे वे दर्शाते है कि उनके व्यक्तित्व प्रकृति के करीब हैं व ऐसे लोग सच्चाई का सामना करने से डरते नहीं हैं। वे सच्चाई का साथ देते हैं। सरल व मधुर व सच्चे इनसान हो सकते हैं।

इस प्रकार आपकी रुचि व क्षमताओं को दर्शाती हैं आपकी धुनें।

ठीक आज के युग में AI की तरह आपकी धुन आपकी पसंद को अभिव्यक्त करता है, व आपके जीवन की परिस्थितियों को बतलाता है कि क्या चल रहा है, आपके जीवन मे।

दिन व दिशा का चुनाव

मोबाइल नंबर किस दिन लें?

किन बातों का विशेष ध्यान रखें?

चार्जिंग के लिए कौन सी दिशा में रखें?

व्यक्ति को उनकी जन्मतिथि के अनुसार मोबाइल सेट खरीदते समय क्या-क्या चीजें ध्यान में रखनी चाहिये, आइए जानें : मोबाइल सेट के साथ-साथ सही नंबरों का चुनाव व जिस दिन खरीदें वह भी आपका भाग्यशाली दिन हो। वह ज्यादा चलें, खराब न हो। व आप किस दिशा में रखकर उसे चार्ज करें जो आपके लिए भाग्यशाली हो, तो आप अपनी मनचाही इच्छाओं की पूर्ति कर सकते हैं। जिसके अच्छे नतीजे आप अपने कार्य व अपने घरेलू वातावरण में देख सकते हैं। सफलता व कामयाबी को भी आसानी से अपने कदमों तले ला सकते हैं।

यदि आपकी जन्म तिथि

1 10 19 28

तो नंबर हुआ एक।

तब आपको विशेष ध्यान रखना है।

आपके लिए भाग्यशाली दिन-

रविवार व सोमवार

जब भी आप मोबाइल फोन खरीदें, ध्यान रखें कि रविवार या सोमवार हो। **यदि महत्वपूर्ण तिथि की बात करें तो आज का दिन + आपकी जन्मतिथि व आपका जन्ममाह +अभी जो वर्ष चल रहा है।**

उनका संपूर्ण योग-

1, 10, 19, 28, 37, 46, 55, 64, 78

आता हो तो वह आपके लिए ठीक दिन व तिथि है।

उदाहरण : जन्मतिथि + जन्म माह + वर्तमान वर्ष+ वर्तमान माह+ आज का दिन

20 02(फरवरी) 2008 04 (अप्रैल) 01 =19

आपके मोबाइल सेट के लिए **भाग्यशाली रंग**-भूरा, पीला या सुनहरी व अपने **मोबाइल को चार्ज करने के लिए उपयुक्त दिशा** आपके लिए रहेगी उत्तर दिशा। आपकी भाग्यशाली उत्तर दिशा अपने घर या कमरे में उत्तर दिशा में रखकर आप अपना मोबाइल चार्ज कर सकते हैं।

यदि आपकी जन्मतिथि

2 11 20 29

तो आपका नंबर हुआ दो।

मोबाइल खरीदते समय

आपके लिए भाग्यशाली दिन-

रविवार, सोमवार व शुक्रवार

साथ ही आपके लिए शुभ तारीख या दिन रहेगा जिन की संख्या क्रमशः

2, 11, 20, 29, 38, 47, 56, 65, 74

होती हो व यदि हम रंग की बात करें तो आपके लिए **भाग्यशाली रंग** रहेगा सफेद हल्का हरा, हल्का नीला या सिल्वर। **आपके लिए मोबाइल चार्ज करने की भाग्यशाली दिशा** दक्षिण-पश्चिम रहेगी तो आप अच्छे नतीजे जरूर देख पायेंगे।

यदि आपकी जन्मतिथि

3 12 21 30

तो आपका नंबर हुआ तीन।

मोबाइल खरीदते समय

आपके लिए भाग्यशाली दिन-

मंगलवार, गुरुवार, शुक्रवार

-शुभ तिथि -

3, 12, 21, 30, 39, 48, 57, 66, 75

- शुभ रंग -

नारंगी, चमकीला-सुनहरी, हल्का जामुनी।

- मोबाइल चार्ज करने की दिशा -

पूर्व दिशा

यदि आपकी जन्मतिथि

4 13 22 31

तो आपका नंबर हुआ चार।

मोबाइल खरीदते समय

आपके लिए भाग्यशाली दिन-

रविवार, सोमवार, शनिवार

- शुभ तिथि -

4, 13, 22, 31, 40, 49, 58, 67, 76

- शुभ रंग -

भूरा, नीला, हल्का पीला या भूरा मिश्रित।

- मोबाइल चार्ज करने की दिशा -

दक्षिण-पूर्व

यदि आपकी जन्मतिथि

5 14 23

तो आपका नंबर हुआ पांच।

मोवाइल खरीदते समय आपका आपका

आपके लिए भाग्यशाली दिन-

बुधवार, गुरुवार, शुक्रवार।

- शुभ तिथि -

5, 14, 23, 32, 41, 50, 59, 68, 77

- शुभ रंग -

खाकी, सफेद, चमकीला, हरा हल्का।

- मोबाइल चार्ज करने की दिशा -

दक्षिण-पश्चिम, उत्तर-पूर्व।

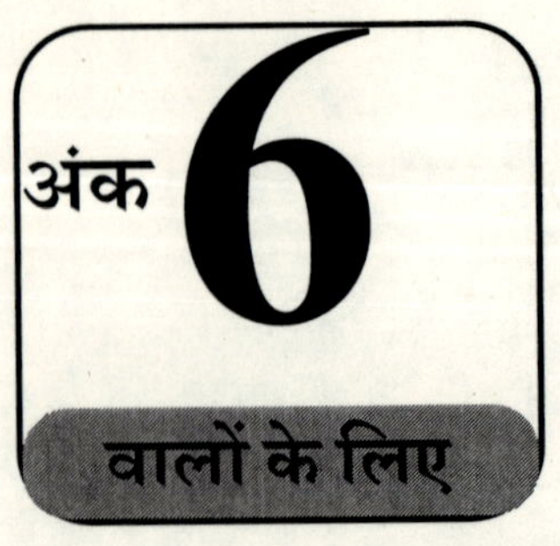

यदि आपकी जन्मतिथि

6 15 24

तो आपका नंबर हुआ छः ।

मोबाइल खरीदते समय

आपके लिए भाग्यशाली दिन -

मंगलवार, गुरुवार, शुक्रवार

- शुभ तिथि -

6, 15, 24, 33, 42, 51, 60, 69, 78

- शुभ रंग -

फिरोजी, गुलाबी, नीला, आसमानी, गोल्डन

- मोबाइल चार्ज करने की दिशा -

उत्तर-पश्चिम

यदि आपकी जन्मतिथि

7 16 25

तो आपका नंबर हुआ सात।

मोबाइल खरीदते समय

आपके लिए भाग्यशाली दिन-

रविवार, सोमवार

शुभ तिथि -

7, 16, 25, 34, 43, 52, 61, 70, 79

- शुभ रंग -

हरा, सफेद, सलेटी, कबूतरी, सिल्वर

- मोबाइल चार्ज करने की दिशा -

मोबाइल चार्ज करने की शुभ दिशा होगी घर की पश्चिम की दीवार जो आपको अच्छी ऊर्जा देगी, साथ ही आपके काम फोन पर ही बनते चले जायेंगे।

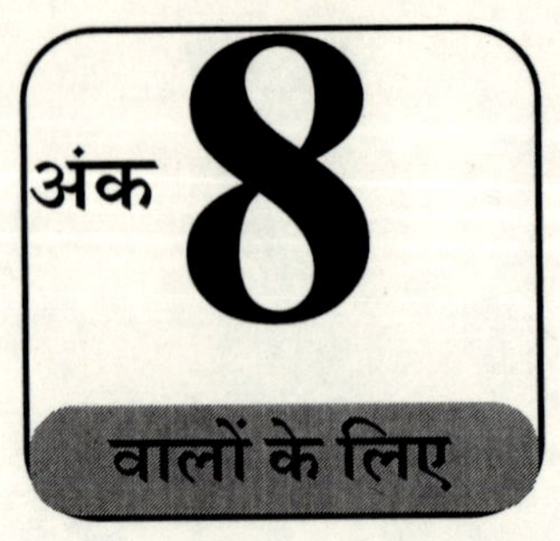

यदि आपकी जन्मतिथि

8 17 26

तो आपका नंबर हुआ आठ।

मोबाइल खरीदते समय

आपके लिए भाग्यशाली दिन-

शनिवार, रविवार, सोमवार

- शुभ तिथि -

8, 17, 26, 35, 44, 53, 62, 71, 80

- शुभ रंग -

काला, नीला, सुरमई, गहरा नीला, सिल्वर

- मोबाइल चार्ज करने की दिशा -

उत्तर-पूर्व

यदि आपकी जन्मतिथि

9 18 27

तो आपका नंबर हुआ नौ।

मोबाइल खरीSदते समय

आपके लिए भाग्यशाली दिन-

मंगलवार, गुरुवार, शुक्रवार

- शुभ तिथि -

9, 18, 27, 36, 45, 54, 63, 72, 81

- शुभ रंग -

लाल, गाजरी या नारंगी, गुलाबी, मैरून

- मोबाइल चार्ज करने की दिशा -

दक्षिण दिशा

सही कंपनी का चुनाव

आज इतनी सारी कम्पनी की तरफ से मोबाइल फोन की सुविधाएं मौजूद हैं, कौन सा नंबर वाला व्यक्ति कौन सी कम्पनी के मोबाइल नंबर का चुनाव करें, जिससे उसकी संगतता उसके साथ बनी रहे। सारे तरह के आशीर्वाद उस पर बने रहें, सारे काम सही समय पर, सही ऊर्जा के साथ होते रहें, हमें उनके परिणाम भी हमारे अपने उद्देश्य की तरह मिलते रहें, इससे आपके मोबाइल के परिमाप का दायरा ऊर्जा व गति तक पहुंचता है। यह दायरा आपको भी प्रभावित करता है। कम्पनी सभी तरह के दावे करती हैं। अपने मूल्यों को लेकर ? अपनी योजनाओं को लेकर, नेटवर्क को लेकर । सभी एक-दूसरे से आगे होने की बात करते हैं। पर आपको सही कम्पनी का चुनाव कैसे करना है?व आपको आपके काम में वह किस तरह सहायक हो सकता है? आइये इस विषय पर चर्चा करते हैं।

एयरटेल

AIRTEL **199253**

1+9+9+2+5+3 = 29

2+9=11 1+1 = 2

एयरटेल का नम्बर मूल्य आता है संख्या दो। नंबर दो है अच्छे संबंधों का प्रतीक या प्रवाह का या हम कहें चन्द्र ग्रह का प्रतीक। नंबर दो सभी प्रकार के रिश्तों को अच्छा करता है चाहे व्यक्तिगत हों या व्यावसायिक । आप यह मोबाइल कम्पनी का इस्तेमाल अपने जीवन में रिश्तों

की सुरक्षा लाने के लिए जरूर कर सकते हैं। साथ ही दिल से जो भी कार्य करेंगे वे आपको सफल जरूर बनायेंगे। कभी-कभी अपनी इस ऊर्जा का इस्तेमाल गलत हो गया, तब उसकी नकारात्मक दिशा में आप मूडी, भावुक भी हो सकते हैं। ऐसा भी हो सकता है, आप क्षणिक निर्णय लें, जिससे कुछ समस्या हो सकती है।

यदि आपका जन्मांक नंबर एक, दो, तीन या नौ है तो आप एयरटेल का मोबाइल नंबर इस्तेमाल कर सकते हैं। छः, सात व आठ नंबर वाले लोगों के लिए भी यह ठीक है। पर चार व पांच मूलांक वालों को इस कम्पनी के नंबर का चुनाव करने से पूरे लाभ नहीं मिल पायेंगे।

आइडिया

IDEA 9451

9 + 4 + 5 + 1 = 19

1 + 9 =10 1 + 0 = 1

अब आप अपने कार्य क्षेत्र में आत्मविश्वास के साथ अपनी सोच को अभिव्यक्त कर सकते हैं। या अपनी बात को अच्छी तरह से अपने तरीके से कह पाते हैं। साथ ही अपने रिश्ते व कारोबार में इस अभिव्यक्ति का पूरा लाभ उठा सकते हैं व कामयाबी के साथ एक नेता की भूमिका अदा कर सकते हैं।

इसका नकारात्मक प्रभाव भी हो सकता है। जैसे कभी आप में अहम की भावना बहुत हो सकती है, जिसकी वजह से वातावरण में लोग आपके विचारों को अपने अंदर ढालने में समय लगायें या सुनना ही न चाहें। इससे आपको चोट पहुंच सकती है। जिसकी वजह से आप कभी सही समय पर सही बात अभिव्यक्त न करना चाहें।

यदि आपका नंबर एक, दो, तीन व नौ है तो आप बेझिझक आइडिया कम्पनी का मोबाइल इस्तेमाल कर सकते हैं। यदि आपका नंबर 5 या सात है तो भी आपका अनुभव इसी कम्पनी के मोबाइल इस्तेमाल करने से सही रहेगा। मगर यदि आपका नंबर 4, 6 या 8 है तो आपको इस कम्पनी के मोबाइल नंबर से बचना चाहिए।

वोडाफोन

VODAFONE 46416655

4 + 6 + 4 + 1 + 6 + 6 + 5 + 5 = 37

3 + 7 + = 10 1 + 0 = 1

इसकी नंबर पावर भी एक आती है पर नंबरों का संयोजन आपको काफी व्यावहारिक बनाता है, इच्छा शक्ति को बढ़ाता है। यहाँ भी यह नंबर संयोजन आपको अपने कार्य क्षेत्र में नंबर एक स्थिति जरूर दिलवा सकता है।

याद रहे वोडाफोन कम्पनी का इस्तेमाल भी एक, दो, तीन, नौ के साथ पांच व सात अंक वाले व्यक्ति कर सकते हैं पर विशेषतया चार, छः व आठ अंक वालों को इस कम्पनी का मोबाइल नंबर थोड़ा कम उपयुक्त बैठता है।

टाटा इंडिकॉम

TATA INDICOM 21219549364

2 + 1 + 2 + 1 + 9 + 5 + 4 + 9 + 3 + 6 + 4 + 46

4 + 6 =10 1+0=1

इनका जोड़ भी एक आता है। यह नंबर कम्पनी व कम्पनी प्रयोगकर्ताओं को नंबर एक पर लायेगा परन्तु नंबर व कम्पनी चुनाव करते हुए हमें नाम की ग्रहीय शक्ति का अवश्य ध्यान रखना आना चाहिये। यह उत्प्रेरक शक्ति को बढ़ायेगा व सामाजिक कार्यों को भी कराएगा। 1, 2, 3, 5, 7, 9 अंक वालो, यह आपके लिए सफलता के द्वार खोल सकता है और यदि आप 4, 6, 8, हैं तो इससे बचें।

रिलायंस

RELIANCE 95311535

9 + 5 + 3 + 1 + 1 + 5 + 3 + 5 = 32

3 + 2 = 5

इस कम्पनी का ग्रहीय प्रभाव काफी संतुलन व सक्रियता के साथ रचनात्मकता व अच्छी सोच को भी दर्शाता है। नंबर 5 आपकी जिन्दगी के निर्णय में संतुलन व सामंजस्य लाता है, अब वह चाहे किसी भी क्षेत्र में हो। विशेषतया नंबर एक, चार, पाँच, छः, सात अंक के लोग इसका अधिकतम इस्तेमाल करें तो काफी अच्छा रहेगा व साथ ही साथ तीन, आठ, नौ नंबर के व्यक्ति यदि इस्तेमाल करें, उनके लिए भी औसतन ठीक रहेगा। विशेषकर दो नंबर के व्यक्तियों को रिलायंस कम्पनी के नंबर से बचना चाहिए।

बी. एस. एन. एल.

BSNL 2153

2 + 1 + 5 + 3 = 11

1 + 1 = 2

सम संख्या दो आती है दो नंबर अच्छे प्रवाह का है तथा दोनों तरह से बहुत प्रभावित करता है, व्यावसायिक, व्यक्तिगत व सफलता की ओर ले जाता है। इससे काम जल्दी भी बन सकते है व अधिकतर स्थितियों में काम जल्दी होते हैं।

यदि आपका जन्मांक 1, 2, 3 हो तो आपके लिए यह अति उत्तम है। छः वाले लोगों को इसके इस्तेमाल करने से पूरा लाभ नहीं मिल पायेगा।

एम. टी. एन. एल.

MTNL 4253

4 + 2 + 5 + 3 = 14

1 + 4 = 5

यह संख्या संतुलन व अच्छे स्वास्थ्य को दर्शाती है व कोई भी दुरुपयोग नही कर सकता है। यह अंक आपकी इच्छा-शक्ति को तीव्र करता है व उसकी वजह है आप समय पर सबकुछ संतुलित रखकर काम कर लेते हैं। यदि आपका जन्मांक 4, 5, 6, 7, 8 है तो आपको यह बहुत उपयुक्त बैठेगा बस नंबर दो है तो आपको इस कंपनी का मोबाइल फोन नहीं रखना चाहिए।

जियो

196 = 7

16 = 7

सम संख्या सात आती है, जो जीवन में आध्यात्मिकता व शांति लाता है और कहीं न कहीं व्यक्तिगत व कार्यक्षेत्र में सबका सपोर्ट अवश्य मिलता है व आपको हमेशा सक्रीयता से काम करने में प्रेरित करता है। यदि आपका नंबर है 1, 4, 5, 6 तो यह आपको विकास की ओर ले जाएगा व 2, 9 नंबर वालो को इसका लाभ पूरा नहीं मिल पाएगा।

क्या होनी चाहिए थीम, विजन बोर्ड या स्क्रीन सेवर

क्या है आपके मोबाइल में तस्वीरें या संगीत की कहीं भरमार तो नहीं, व जब कोई कॉल आती है तो कौन-सी तस्वीर उभरती है, आप सबसे पहले मोबाइल उठाते हैं तो आप क्या देखते हैं। जो तस्वीर, चित्र या रंग उभरते हैं आपके मोबाइल में वहीं स्क्रीन सेवर या थीम कहलाती है।

जिस प्रकार नंबर आपको प्रभावित करते हैं, अच्छी पुस्तकें आपके व्यक्तित्व पर असर डालती हैं व आपका वातावरण व आभा क्षेत्र या मंत्र या अच्छे ग्रन्थ आपको प्रभावित करते हैं। जिस प्रकार घर का वास्तु प्रभावित करता है। ठीक उसी प्रकार आपके मोबाइल का वास्तु आपकी जिंदगी को संवार सकता है या तहस-नहस कर सकता है।

क्या होनी चाहिये थीम ?

क्या होना चाहिये स्क्रीन सेवर?

क्या होना चाहिये रंग?

यह सभी सवाल आपके मस्तिष्क में उठ रहे होंगे।

विज़न बोर्ड / स्क्रीन सेवर

सपनों और लक्ष्यों को पूरा करने के लिए विजन बनाया जाता है क्योंकि कुछ चीजें जब तक हमारी नज़रो के सामने होती हैं, तब तक हमे याद रहती हैं। उन्ही मे से एक होता है हमारा लक्ष्य बेहतरीन जिदंगी के लिए कुछ सपने जो हम समय-समय पर बदलते रहते हैं व प्राथमिकता के अनुसार हम अपने मोबाइल के स्क्रीन सेवर को विजन बोर्ड की तरह इस्तेमाल कर सकते हैं व असाधारण तरीके से अपनी हर इच्छा पूरी कर सकते हैं अगर हम बोलते, सोचते और देखते हैं और डिजिटल बोर्ड भी बना सकते हैं।

लक्ष्य से संबधित तस्वीरें या कोरस को मोबाइल के जरिये इन तस्वीरों का एक कोर्लाज बना लिए उदाहरण के लिए आपका उद्देश्य है ऑस्कर अवार्ड लेना या गाडी किसी एक विशेष ब्रांड की लेना या आने वाले 5 या 10 साल मे आपको अपने सपनों का घर किसी प्रकार चाहिये। लक्ष्य स्वयं के कार्यक्षेत्र या पारिवारिक भी हो सकते हैं। सेहत से जुड़े भी हो सकते हैं, किसी जगह अपने परिवार के साथ छुट्टियाँ मनाना भी हो सकता है।

यह देखने में आया है कि कई लोगों के मोबाइल फोन में बहत तरह का संगीत होता है। कई लोगों के मोबाइल सेट में तरह-तरह की आवाजें, गेम्स भी हात हैं. कुछ संदेश व कुछ तस्वीर संदेश भी होते हैं। घर के सदस्यों की तस्वीर या पालतू जानवरों की तस्वीरें भी होती हैं। कुछ लोग प्रकृति के करीव रहना चाहते हैं तो उनके मोबाइल में प्राकृतिक दृश्य या झरने, फूल-पत्ते, फल संचित होते हैं। इससे निश्चित ही इनकी अभिरुचि का ज्ञान होता है।

इससे देख सकते हैं कौन से नंबर वाले व्यक्ति को किस तरह की तस्वीरें व उनके रंग किस प्रकार होने चाहिये तो सबसे पहले इसमें ध्यान रखना चाहिये -

1. नियमों का
2. रंगों का
3. दिशा का
4. आपकी अभिरुचियों व काबलियत का।

आपका मन बार-बार क्या देखने को करता है? जो आप बारी-बारी देखते हैं उसकी ऊर्जा से आप निश्चित रूप से प्रेरित अवश्य होते हैं। आइये देखते हैं कि आप कौन से नंबर (मूलांक) के हैं व आपका स्क्रीन सेवर या ट्यून क्या है।

यदि आपका नंबर एक है तो आपका स्वामी हे सूर्य तो सूर्य की किरणों में सफेद रंग के सभी सात रंग समाहित होते हैं व पीला, सुनहरा या नारंगी रंग भी आपकी थीम हो सकती है। यह भी याद रखना होगा कि कुछ एनीमेटिड पिक्चर लगायें जिससे कि मूवमेंट रहे या कुछ चलती हुई चीज लगा सकते हैं जैसे खिलने हुए फूल, उगता हुआ सूरज । यदि आप भगवान की फोटो लगाना चाहते हैं तो जो भी विश्वास कहता है आपमें वही सही है। यह याद रहे यह साथ देता है आपकी अभिव्यक्ति में, तो विशेषकर आपकी एक विशेष पहचान होती है जिससे आपकी निजी और पेशेवर जिंदगी प्रभावित होती है। डाल्फिन की फोटो हल्के नीले रंग के साथ भी आप लगा सकते हैं।

यदि आपका अंक है दो तो आपका स्क्रीन सेवर आपके व्यक्तिगत जीवन या रिश्तों को अवश्य प्रभावित करता है। यहां पर हल्का गुलाबी रंग, हल्का नीला या पीच या आसमानी रंग का कोई भी स्क्रीन सेवर पिक्चर हो, मगर एनीमेटिड या मूवमेंट न हो। कुछ स्टेबल पिक्चर जैसे माउंटेन पिक्चर हो सकती है पर याद रहे वाटर पिक्चर या वाटर न हो, साथ ही यह भी याद रखना होगा कि किसी जंगली जानवर की पिक्चर या कार्टून में ड्रेकुला की पिक्चर भी लगाना उचित न होगा ।

यदि मकान की पिक्चर लगाई जाये तो वो भी कैरियर व रिश्तों में एक नई उर्जा लाती है। दो पत्ती एक साथ, लवबर्ड की तस्वीर। यदि आप अपनी व्यक्तिगत तम्वीर लगाना चाहते हैं तो अपने जीवनसाथी के साथ जिसमें पति की तस्वीर राइट व पत्नी लेफ्ट में हो तो भी काफी लाभ हो सकता है।

यदि आपका अंक तीन है तो आपमें सृजनात्मकता व अभिव्यक्ति का होना पाया जाता है या अच्छी याददाश्त वाले होते है; जिसमे इनकी योजनाओं में काफी मजबूती होती है। काफी सामाजिक होते हैं। अधिकतर लोगों से छवि काफी अच्छी होती है। आपको अपनी पोजिशन मेनटेन रखने के लिए अपने स्क्रीन सेवर या थीम भी इसी तरह की लगानी चाहिये जिससे आपका दूसरों से रिश्ते अच्छे बने रहें व आपकी सामाजिक छवि में भी दिन-प्रतिदिन निखार आना रहे। गुरु की तस्वीर या रंग देना चाहें तो आप हरा या पीला रंग जो संतुलन को व्यक्त करता है। यदि आपका व्यवहार सबके साथ अच्छा है तो आपकी सामाजिक छवि भी वरक़ार रहती है। प्रकृति से पेड़-पौधे, फूल-पत्ते आपके स्क्रीन सेवर के लिए आइडियल हो सकते हैं।

यदि आपका अंक है चार तो आपका स्क्रीन सेवर कैसा हो, कैसा रंग हो, क्या तस्वीर हो, आइये खुलासा करते हैं।

यदि अंक है चार तो आपका स्क्रीन सेवर हल्का हरा, हल्का ग्रे रंग का हो सकता है व भगवान या गुरु की तस्वीर के अलावा लक्ष्मी जी की तस्वीर लाल फ्रेम में जड़ी हई काफी भाग्यशाली हो सकती है, क्योंकि आपकी दिशा है दक्षिण-पूर्व । आपके स्क्रीन सेवर में लाल रंग का कोई फल या चित्र आपको आर्थिक लाभ व नेम फेम दिला सकते हैं। लाल रंग का कोई फूल या मोमबत्ती आपका स्क्रीन सेवर हो सकता है। आप किसी भी करेंसी का सिक्का या नोट, जो आपकी अच्छा लगता हो, लगा सकते हैं। डॉलर का चिन्ह भी लगाया जा सकता है। जिससे अपनी वेल्थ में बढ़ोतरी होगी व सुबह की पिक्चर भी लगा सकते हैं।

यदि आपका अंक है पांच तो आपका अंक अर्थ तत्व को डीनाट करता है। आपका सभी ग्रहां क साथ संबंध हे भी और नहीं भी। वाह्य स्थान पर भगवान विराजते हैं। अतः इस स्थान पर अवश्य भगवान की तस्वीर आदर्श हो सकती है। आप यहां पूरे विश्व की तस्वीर, पूरे ग्लोब की तस्वीर लगा सकते हैं या किसी तरह का 'कोई भी रॉक्स क्रिस्टल या क्रिस्टल की तस्वीरें लगाएंगे तो स्वयं भी संतुलित रहेंगे व अपने आस-पास के वातावरण को भी संतुलित रख पायेंगे। आप बर्फ के पहाड़ की तस्वीरें या स्नो फॉल की तस्वीरें भी रख सकते है। आपकी स्क्रीन सेवर का रंग भी सफेद या क्रिस्टल क्लीयर हो सकता है। सिम्बल ऑफ यिन-यांग भी डाल. सकते हैं। मांगलिक मंत्र या जाप जो आप करते हैं, वह भी आप इस्तेमाल कर सकते हैं।

यदि आपका अंक है छः तो आप पिंक कलर या गोल्डन कलर का स्क्रीन सेवर लगा सकते हैं। मेटेलिक शेड की घंटियां, गोल्डन कलर की भगवान की तस्वीरें भी लगा सकते हैं व अधिकतर रंग या दूसरा रंग हो सकता है-हल्का नीला या गुलावी । भगवान की पिक्चर लगाना चाहें तो भगवान कृष्ण की तस्वीर लगाई जा सकती है। गुलाबी रंग के गुलाब के फूल या गोल्डन फूल भी लगाये जा सकते हैं। अधिकतर जो स्क्रीन सेवर आप इस्तेमाल करना चाहे तो गोल्डन पिरामिड या सिक्कों की तस्वीरें भी आप लगा सकते हैं क्योंकि आप जिम्मेदार होते हैं, सभी समय दूसरों का ख्याल रखते हैं तो अपने परिवार की तस्वीर भी लगा सकते हैं। कोशिश करें, यह तस्वीरें जोड़े में हो। अकेले की हो तो गोल्डन फ्रेम में लगा सकते हैं। गोल्डन श्रीयंत्र भी मंत्र के साथ लगा सकते हैं।

यदि आपका अंक सात है तो याद रहे आप काफी साइंटिफिक हैं व आपकी दिशा पश्चिम है व आपको मानसिक शांति रहे व आपका दूसरों के प्रति भरोसा बना रहे। उसके

साथ-साथ यदि एक स्थान से दूसरे स्थान पर स्थानान्तरण होगा व व्यापार या नौकरी के चलते बहुत सारी जगह आपको जाना पड़ सकता है व आध्यात्मिकता की ओर उग्र हो रहे हैं। आप पानी के जहाज की फोटो अपने स्क्रीन सेवर में लगा सकते हैं। हवाई जहाज की तस्वीर भी लगा सकते हैं। यह जहां एनीमेटिड हो। नीचे से ऊपर जाता हुआ हो तो और भी अच्छा रहेगा। आप सिल्वर, ग्रे, हल्का सलेटी या नीला रंग इस्तेमाल कर सकते हैं या सिल्वर कलर का श्रीयंत्र भी आपका स्क्रीन सेवर हो सकता है।

यदि आपका अंक है आठ तो आप अपना स्क्रीन सेवर कैसा रखें जिससे कि वह आपको व्यवसाय या व्यापार में कैसे लाभदायक हो।

यदि आप यह चिन्ह लगाते हैं या लक्ष्मी-गणेश की तस्वीर लगाने से आपको बहुत आशीर्वाद मिलेगा।

स्क्रीन सवर का रंग आप नीला या लाल रख सकते हैं। यदि आप बहुत ज्ञान चाहते हैं तो कोई चलता हुआ मंत्र लिखा हो व मूवमेंट में हो तो बेहतर होगा या आप कलश की पिक्चर भी लगा सकते हैं। इसे हम वेल्थ वेट भी कहते हैं। सिक्कों के पेड़ की तस्वीर भी लगाई जा सकती है व पानी की लहरें साथ में चलती रहें तो बेहतर रहेगा।

सरस्वती मां की तस्वीर भी बहुत अच्छी है यदि आप विद्यार्थी हैं। आप जो भी उद्देश्य प्राप्त करना चाहते हैं, जा बनना चाहते हैं, अपनी रोलमॉडल की भी तस्वीर आप लगायेंगे तो प्रेरित होंगे व अपने उद्देश्य को आसानी से पा सकेंगे।

यदि आपका अंक नौ है तो आपका स्क्रीन सेवर कैसा हो ? आपकी जीत को या जो भी आप करना चाहते हैं चाहे तो दुनिया मुट्ठी में, आपका एक वजूद जिसे अपनी दृढ़ इच्छाशक्ति से सबकुछ पाने को मिलेगा। आपका स्क्रीन सेवर या थीम का रंग लाल या नारंगी हो सकता है। इस रंग से आपकी उपलब्धियों में, आपकी यश-कीर्ति में वृद्धि होगी। व अपने उद्देश्य को जल्द प्राप्त कर पायेंगे। या आप अपनी प्रमुख तारीखों को भी अपने स्क्रीन सेवर में डाल सकते हैं। भगवान की तस्वीरें यदि आप लगाना चाहते हैं तो हनुमान जी की तस्वीर आप लगा सकते हैं। बजरंगबली की तरह ही आप में ताकत होगी अपने उद्देश्य को पाने की साथ ही आत्म-विश्वास की जागृति होगी।

मोबाइल नंबर से आप क्या पा सकते हैं?

मोबाइल नंबर व मोबाइल फोन हमेशा आपके साथ चलते हैं। जहां आपका अच्छा मोबाइल नंबर आपकी किस्मत चमका सकता है, वहीं कोई दूसरा गलत नंबर आपकी दुनिया में तहलका मचा सकता है या विनाश ला सकता है। लेकिन अब आपको पता है कि आपकी जन्मतिथि में किन नंबरों की कमी है या आपकी जिन्दगी में क्या अधिकता है और आप अपना क्या उद्देश्य पाना चाहते हैं। आप किस क्षेत्र में कामयाबी पाना चाहते हैं। अतः अब आप पहले से ही अपने मोबाइल नंबर में ग्रहीय प्रभुत्व को कम-ज्यादा कर ठीक कर सकते हैं। अब आप करेंगे निर्णय या चुनाव अपने उद्देश्य के अनुसार अपने नंबर का-आपको ज्ञान, स्वास्थ्य, अपना कारोबार, यश, कीर्ति या खुशियां चाहिये-रिश्तों से; या आप बढ़ना चाहते हैं आध्यात्मिकता की ओर।

आपका मोबाइल नंबर - आपके उद्देश्य

एक अच्छा मोबाइल नंबर बदल सकता है एक जीवन। मोबाइल फोन आपका आपके साथ हमेशा रहता है और एक अच्छा नंबर, सही नंबर आपको आपके उद्देश्य प्राप्ति में आपकी मदद अवश्य करता है जैसा की अब तक आप जान ही गये होंगे कि हर अंक की एक ऊर्जा होती है जैसे नंबर सात अध्यात्मिकता की ओर अग्रसर करता है व नंबर नौ एक अच्छा इंसान बनाता है और आठ अंक ज्ञान व धन को संतुलित करता है।

जैसा कि यह अंक सभी व्यक्तियों में उनकी आदतों व सोच विचार एवं उनके व्यक्तित्व को बदलने की क्षमता रखते हैं और कहीं ना कहीं आपके जीवन में आपको अपने मनपसंद सही व्यवसाय की तरफ लेकर जाते हैं।

यह कोई संयोग नहीं है, आपके जीवन में आने वाले उतार-चढाव, बदलते परिवेश में सफलता-विफलता को देखते हुए कहीं ऐसा तो नही कि आप इन्ही नंबरो के चलते अपने उद्देश्य तक नहीं पहुँच पा रहे हैं और जीवन में संघर्ष का सामना करना पड़ रहा है और जो लोग सफल हैं कहीं ना कहीं अपने अंक जिम्मेवार हैं व सही गणित व अंको का संयोजन।

आईये इसी क्रम में जानकारी आगे बढाते है कि आपकी जन्मतिथि नहीं बदल सकते मगर अपनी दिनचर्या में जो अंक आप ज्यादा इस्तेमाल करते हैं, उन्ही में किस तरह बदलाव लाये की सफलता हमेशा प्राप्त कर पाये-

1. **अध्यापक**- यदि आप अध्यापन के कार्य में है अवश्य आपके मोबाइल में अंक एक तीन और नौ का होना आवश्यक है। एक नंबर अभिव्यक्ति का है। एक अच्छा टीचर वही होता

है जो खुल कर अपने विषय को समझा पाये व अपने शिष्यो को भरपूर उदाहरणों के साथ ज्ञान व्याख्यान कर पाये। एक अंक नेतृत्व का भी है एक अध्यापिका या अध्यापक अपने शिष्यो के समक्ष प्रेरणा स्रोत भी बन सके। अपनी अभिक्षमताओं में चलते व तीन अंक भी अपने रचनात्मक विचारों को अभिव्यक्त करने का है। गुरु का अंक है तीन यह विविधता लाता है ज्ञान देने के गुणो को लाता है व नौ अंक मंगल ग्रह जो आदर्शवादी व मानवीय गुणो की प्रेरणा व दूसरे के साथ दया रखने का अंक है।

एक तरफ जहाँ नंबर तीन एक अध्यापक को सामाजिक, सक्रिय, विचारशाली और एक साथ 50 विद्यार्थियों के साथ समायोजन बनाने का साहस देता है इसी तरह तीसरा रचनात्मक अंक नौ भी, कभी ना खत्म होने वाली नेतृत्व की भावना, सभी के साथ मजबूती, बनाये रखता है

2. **स्पोंटस** - खेलकूद/परिक्षण/खिलाड़ी अगर आप खेलकूद में सक्रियता से भाग लेना चाहते हैं तो आपके पास अंक 2, 7 व 6 अंक आपके मोबाइल नंबर में अति आवश्यक है। अंक दो एक व्यक्ति को सक्रीय बनाता है दिन व दिमाग से जिसके चलते वो एक जगह टिक कर नही बैठ सकते व जिसकी वजह से उनके रिश्ते सबसे व्यक्तिगत व व्यवसायिक क्षेत्रें में अच्छे बनते हैं और उनके अंदर अच्छी खान-पान की आदतें नियमितता लाती हैं। अपने दिन को अच्छी शुरूआत के लिए और सात अंक भी नहीं होने से एक व्यक्ति में आलस पन आता है। सात अंक व्यक्ति को तार्किक विश्लेषण बनाता है व दिल दिमाग मे ठहराव लाता है। साथ ही सात अंक आपको महत्वपूर्ण निर्णयों में मदद करता है। आपके अपने ऊपर विश्वास के साथ आत्मविश्वास लाता है।

सभी भावनाओं को महसूस कर पाते है जो खिलाड़ी के लिए अति महत्त्वपूर्ण है और अंक छः सबसे बड़ा नंबर जिम्मेवारी को निभाने का। इच्छाशक्ति का टीम वर्क का, सही समय पर सही उपलब्धियों का लेने का अवसर लेने का व हर अवसर को संतुलन से उपलब्धियों के बदलने का अंक है छः व तीनो का संयोजन 2, 7, 6 एक अच्छे खिलाड़ी को सर्वोत्तम खिलाड़ी अवश्य बनाते है इसलिए यह अंक आपके जन्मतिथि में नहीं है तो अवश्य अपने मोबाइल नंबर में शामिल करे।

3. **फिल्म कलाकर टीवी स्टार**- यदि आप बनना चाहते है सफल पर्दे पर व चाहते है पूरी तरह से पहचान बनाना तो आपके अंको में 6, 3, 1, 2 का होना अति आवश्यक है। अंक छ सुनहरी अवसरो का व अपने उत्तरदायित्व को ठीक से निभाने का तभी आप अपने सारे कार्य समय पर कर पाते हैं। तीन अंक समाज में अपना रोल स्थापित करने का अंक एक के साथ

मिलकर अभिव्यक्ति में भी सकरात्मकता व्यक्त करता है व अंक दो एक कलाकर चाहे व किसी भी कला के क्षेत्र में ये सारे अंक मिलकर एक बड़ा कलाकार बनने व उपलब्धियाँ हासिल करने में अवश्य मदद करते है यह अंक।

जिसने वह अपने श्रोताओ को देखने वालो को लम्बे समय तक मनोरंजन कर सके। कई बारी कलाकार अच्छा होने के बावजूद भी अभिव्यक्त नहीं कर पाते अंक एक उनको सहायक होता है। अंक तीन यादास्त अच्छी रखना है व गहराई से बात को समझाता है इसलिए अपने वार्ता या संवाद को ठीक से याद कर सही समय पर छोड़ने की वजह से अपनी छाप छोड़ जाते हैं। आप इन नंबरो का सही संतुलन पूरी तरह से एक अच्छा कलाकार आपको बना पाता है।

4. **डाक्टर चिकित्सक**- यदि कोई सफल चिकित्सक बनना चाहते है तो अंक 4, छ व सात अंक आपके मोबाइल नंबर में होने आवश्यक है। अंक चार आपके अंदर एक अनुशासन लाता है नियमक्रम लाता है। व समय के अनुसार चलने की समझ लाता है व छोटी-छोटी तकनीकों की समझ रखते हैं जिनके पास भी अंक चार होता है व विशेष प्रकार से वह पूरी तरह से आत्मनिर्भर नियम से चलने वाले एवं साफ-सफाई का खयाल रखने वाले होते हैं। अंक छ भी एक इंसान को भरोसेमंद बनाता है केयरिंग व जिम्मेवार बनाता है चिकित्सक को पूरी तरह भरोसेमंद होना आवश्यकता है व अंक सात एक साइटीफिक तकनीकों के साथ उत्तम बनाता है। सफल चिकित्सक में यह सारे अंक 4, 6, 7 होना अति आवश्यक है व यह संयोजन उन्हे अच्छा चिकित्सक व नर्स बनने में सहायक होते हैं।

5. **सुरक्षा सर्विसिस या सेना सेवाएँ** यदि आप सेना में है या जाना चाहते है तो आपके अंको में मोबाइल नंबर में 2, 4, 6, 7 अंक होने अति आवश्यक है। नंबर चार जो आपको कायदा, सही प्लानिंग करने में मदद करता है। व मेहनत करने के लिए प्रेरित करता है व सुबह से शाम हर दिन को एक दायरे में रहने की प्रेरणा व जज्बा देता है अनुशासित रखता है आपको यह अंक चार और अंक दो आपको किसी भी परिस्थिति व उतार चढाव में धैर्य के साथ निर्णय समझदारी से लेना सीखता है व हर परिस्थिति में अपने को समायोजित करना सिखाता है।

छ अंक आपमें लाता है जिम्मेवारी का जज्बा दृढ निश्चय अवश्य होना चाहिये जहाँ सुरक्षा की बात आये आप अपने से ऊपर दृढ निश्चय से अपने निर्णय लेते हैं। हमारा इतिहास गवाह है बहुत से उदाहरणों से जहाँ हमे सात भी पूरी तरह से क्रियान्वयन ठहराव व आत्मविश्वास लाता है इन सभी के नंबर दो प्यार अपने देश से भाईचारे का अदभुत संयोजन देता है इसलिए यदि

आप भी सेना सेवाओं में जाना चाहते है और अभी भी है तो आपके मोबाइल में 2, 4, 6, 7 अंक का होना अति आवश्यक है।

6- **सरकारी कर्मचारी**- सभी लोगों का ज्यादातर सवाल अक्सर होता है सरकारी नौकरी में कैसे जा सकते है या सरकारी नौकरी कब मिलेगी या कौन से ऐसे अंको का सामंजस्य बनाये की सरकारी नौकरी का योग बन जाये व जीवन भर की समस्याओं से निजात पाई जाये। मेहनत तो आपको करनी ही पड़ती है। चाहे आप कोई भी काम करते हो पर विशेषकर जब आपका उद्देश्य सरकारी नौकरी का हो और आपकी जन्मतिथि में भी उससे मिलते जुलते है तो समझ जाये सरकारी नौकरी का योग है अन्यथा अपने मोबाइल नंबर में आप 4, 6, 9 अंक को अवश्य शामिल करें, ऐसा पाया गया है इसके साथ अंक 5 को भी रखा जाये, तो काफी अच्छे योग बनते हैं क्योंकि सरकारी नौकरी हेतु आपको हमेशा परीक्षा पास करनी होती है, उसके साथ साक्षात्कार भी पास करना होता है। उसके लिए बाहरी व भीतरी व्यक्ति की पहचान होती है इसके लिए एकाग्रता, गहराई विषय में व अनुशासन, नियन्त्रित आचरण व दृढ निश्चय के साथ नियमो का पालन करना व एक प्रेरणा स्रोत की तरह काम करना होता है समय के साथ नियमो का पालन करते हुए आपको महत्वाकांक्षी होना होता है अधिकाधिक रूप से अपने आपको स्थापित करने के लिए आपको 4, 6, 9, 5 अंको को अपने मोबाइल नंबर में शामिल करना अतिआवश्यक होगा।

7. **विदेश में शिक्षा/यात्रा** यदि विदेश में उच्च शिक्षा हासिल करने जाना चाहते है व उच्चतर शिक्षा में स्नातकोत्ततर डिग्री या डॉक्ट्रेट (पी.एच.डी) करना चाहते हैं तो आपके मोबाइल में अविष्कारक व ट्रेड सेंटर का अंक 1, अनुसंधान का अंक 4 एवं शिक्षा व ज्ञान का अंक 8 आत्मनिर्भरता का होना भी यही अंक सुनिश्चित करते हैं व एक 9 का आपकी बौद्धिक क्षमताओं को एक अलग स्तर पर से समझ रखनी की क्षमताएँ देता है। आपको सकारात्मक शक्तियाँ देते हैं यह संयोजन, तभी आप उच्चस्तर की शिक्षा के लिए विदेश जा सकते हैं।

8. **राजनीतिज्ञ** बनना हो तो आप की अभिक्षमताओ से सबसे बनाकर रखने की शक्ति एवं योजना बद्ध तरीके से कार्य को किया जाना सही समय पर सही निर्णय लेने के लिए अवश्य ही अंको का मोबाइल नंबर में होना आवश्यक होते है अन्यथा इतने प्रयास व्यर्थ जाते हैं। यदि आप बनना चाहते हैं सबके प्रिय नेता, सफल राजनितिज्ञ तो व चाहते हैं कि आपके नेतृत्व को लोग पसन्द करें उसके लिए 4, 3, 8 अंक अति आवश्यक है व आप अपने काम व नाम में यूँ ही काम में युँ ही नाम बना रहे यानि यूँ ही आप सबके द्वार मान्य रहें। यश कीर्ति आपको चाहिये तो यही संयोजन आपको अवश्य कामयाबी देते हैं।

9- **प्रोपर्टी डीलर** जमीन जायदाद- घर अपना लेना चाहते हैं तो सबसे पहले हमे यह जानना होगा अपना घर या जमीन (कर्मीशयल या घर) लेना चाहते हैं व उसके लिए कौन से नंबर हमारे जीवन में अर्थ तत्व को अभिव्यक्त करते हैं साथ ही साथ ये तत्व आपको किस तरह का लाभ पहुँचाते हैं व आप रियल एस्टेट का व्यवसाय भी कर सकते हैं। 2, 5, 8 अंक आपके अंदर लाते हैं दृढ निश्चय व आप धन का संतुलन बना कर चलने वाले हैं। आपको यह अंक विश्वसनीय भी बनाते हैं। 2 अंक आपके दूसरो से रिश्ते अच्छे करता है। 5 अंक आपके अंदर संतुलन व हॉरमानी लाता है। 8 अंक आपसे मेहनत करवाता है तीनो का साथ सामंजस्य आपको धन के प्रबल योग बनाते हैं और धन के मामले में स्थिति को नियत्रित रखते हैं।

10. **मानसिक शांति हेतु कौन सा मोबाइल अंक लें**- के लिए अंक होते है 3, 5, 7 इससे आप अपनी भावनाओ को संतुलन में आसानी से ला सकते हैं जहाँ तक तीन अंक दूसरो को देने का है व अच्छा व मीठा बोलते हैं आप जब, आप जो देते है वही लौट कर भी आता है और मन की शांति दूसरो को खुश देखकर अवश्य मिलती है। या दूसरे के जीवन में कुछ अपना मूल्यवान योगदान दे कर / व अंक पाँच संतुलन में लाता है आपको क्रिया-प्रतिक्रिया से बचाता है व आपको बिना किसी शर्त के या आशा के देन-लेन में पड़ने से बचाता है। सात अंक मानसिक शांति का है व आध्यत्मिक रूप के साथ आपको मन की शान्ति व आत्मविश्वास दिलाता है। आपके मोबाइल में इन अंको से आप काफी संतुलन से अपने आस-पास का वातावरण खुशनुमा बना सकते हैं।

11. **मित्रता के लिए**- अब कई लोगो को यह जानना है जीवन में अच्छे मित्र मिलेगे नही तो मेरे कोई अच्छे मित्र नहीं है तो मुझे मोबाइल में कौन से अंक लेने चाहिये अवश्य यदि आपके मोबाइल में 1, 3, 6 का संयोजन है तो यह आपको अच्छे मित्र दिला या बना सकता है। एक नंबर अभिव्यक्ति का है यदि आप बंद किताब की जगह खुली किताब हैं, लोग आसानी से आपको समझ व जान पाते है व आप सबको उनके गुणो के आधार पर अतिप्रशंसा करते हैं व अच्छा बोलचाल व अभिव्यक्ति अपनी भावनाओं की आपको अच्छा मित्र बनाती है। विशेषकर जब आपको अपनी ओर से संबधित दर्शाना या व्यस्ता करना होता है और यही 3 अंक आपकी मित्रता को हमेशा स्थायीत्व के लिए आवश्यक रहता है वही नंबर 6 दो मित्रों के स्नेह को बनाये रखने के लिए जिम्मेवार है और इन तीनो अंको की उपस्थिति से व्यक्ति में वो आर्कषण अवश्य आता है जो अच्छे मित्रे में होना चाहिये व रिश्ते तभी निभ पाते हैं जब आप किसी भी रिश्ते के लिए जिम्मेवार रहें व आप दूसरो को सुकून दे पायें व दूसरो के अच्छे गुणो को देख पायें व स्वीकार कर पायें।

12. **धन के स्थायीत्व को बनाये रखने के लिए** - कुछ लोग लेन-देन की समस्या से बहुत धन के संकट से जुझते हैं उनके दो कारण होते हैं वो जरूरत से ज्यादा खर्च करते है आमदनी कम खर्चा अधिक दूसरा विश्वास करके बिना किसी लिखा पढ़ी के दूसरो को दे देते है फिर दिया हुआ पैसा लौट कर नहीं आता और अपना रवैया धन को लेकर गम्भीर नहीं होता और कही न कही आप योजना बद्ध तरीके से नही चलते सब संतुलन बनाये रखने के लिए आपको अपने मोबाइल में अंक 4, 5, 6, 8 का होना आवश्यक रहेगा चार अंक आपको केलकुलेटिंग अपरोच से व्यवस्थित तरीके से मेहनत के लिए प्रेरित करता है वही पाँच नंबर आपको संतुलन में लाकर स्थायीत्व प्रदान करता है व आप में असम्भव को सम्भव मे बनाने में मदद करता है। सही दिशा में सही उपलब्धियाँ हासिल करने में सहायक होता है व आप अनावश्यक किसी तरह के भावानात्मक खेल में शामिल होकर अनावश्यक खर्चा नही कर देते और आपको बचत व जिम्मेवारी का अहसास कराता है, अंक छः और वही अंक आठ आपकी स्थितीं की समझ, परिपक्वता व विश्लेषण करने मे आपको मदद करता है व पूरी तरह से आकलन कर आप जीवन के हर पहलू पर किस स्थितीं में कितना बजट रखते हैं यह निर्णय लेने में कामयाब रहता है व मेहनत से कमाया पैसा का ठीक मूल्य समझ के साथ अपने जीवन में धन को ठीक प्रकार संचित व आनंद लेने में मदद करता है व सुनिश्चित करता है की धन की आवक-जावक में संतुलन बना रहे।

13. **व्यापार में सफलता के लिए**- जो लोग भी अपना भाग्य व्यापार में आजमाना चाहते हैं व अपने व्यापार में तरक्की व स्थायीतव चाहते हैं तो उनके में अंक 1, 5, 6, 8 का होना अतिआवश्यक है एक अंक अभिव्यती का है सही मार्केटिंग का है। आज के युग में अपने उत्पादों के बारे में सही समय पर सही जानकारी देने के लिए अति आवश्यक है व उपयुक्त स्थान पर हो उसके लिए कितना कहाँ खर्च करना है व बाजार की स्थिति को देखते हुए यह समझ अंक पाँच देता है और अंक छः आपको अपने व्यापार के प्रति जिम्मेवारी व नये अवसर प्रदान करता है। और अंक आठ आप को वो समझ व परिपक्वता देता है जिससे आप छोटे बड़े व महत्वपूर्ण फैसले समय पर ले पाये व्यवसाय में जोखिम उठाने में साथ निभाता है अंक पाँच, वही अंक छः आपको स्थिति व समय को नये अवसरों में बदलने का मौका देता है और अंक आठ बिना मतलब के खर्चो से बचाते हुए व्यापार वृद्धि समृद्धि की ओर जाना सिखलाता है।

14. **वैज्ञानिक बनना चाहते है** तो आपके मोबाइल फोन में अंको का सही संयोजन रहेगा 1, 3, 9, 7 यह अवश्य ही बहुत बड़ा योगदान रहेगा। एक अंक आप को खुद पर भरोसा दिलाता है जिससे आप अपने परियोजना पर सफल हो सकते हैं। व अपने आपको अपने महत्त्वपूर्ण फैसलो को दृढता से अभिव्यता कर पायेगे व अपनी दूर दृष्टिता की परिपक्वता, हिम्मत, व

ज्ञान से अभिव्यक्ति अंक तीन से आयेगी यह आपकी यादास्त को व मानसिक स्थिति में नये आइडिया को लायेगा व बढायेगा व अंक नौ वही आपके एकाग्रता को संतुलन के साथ अंक सात विश्लेषण की स्थिति में आपका साथ निभाएगा अपने काम में पारंगता में आपकी मदद करेगा। यदि आप रिसर्च कर रहे हैं या वैज्ञानिक बनना चाहते हैं तो अवश्य संयोजन 1, 3, 9, 7 आपको अपने प्रोजेक्ट में कामयाबी के साथ थेसीस को पूरा करने में भी सहायक होंगे।

15. **अच्छे रिश्तो के लिए-** आज आप कायमयाबी के मायने सोचते हैं तो निश्चित आपके व्यक्तिगत व व्यवसायिक रिश्ते अच्छे हैं तभी आप असल मायने में कामयाब हैं तो इसके लिए अपने मोबाइल में कौन से अंक शामिल करें आइये जानते हैं तो उसके लिए रहेगा अंक 2, 3, 6 महत्वपूर्ण अंक दो आपको बनाता है बहुत ही देखभाल कराने वाला, सहायता करने वाला, मित्रतापूर्ण व्यवहार वाला व्यक्ति व अंक दो आपकी भावनाओं को ठीक तरह से अभिव्यक्त करने का भी है अंक।

और अंक सबकी आदर सम्मान की बात कराता है। अच्छे रिश्तो में आप हमेशा अपनी व दूसरो की भावनाओ का मान सम्मान का खयाल रखें तो अवश्य ही सफलता मिलती है। आपके सामाजिक दायरे को भी बढ़ाता है। अंक तीन आप बड़ो का व सबका विशिष्ट खयाल रखते हैं उससे भी रिश्ते आपके गहरे होते हैं और अंक छः रिश्तो को ठीक तरह से निभाने का जज्बा दिलाते हैं व आप अपने सभी रिश्तों को गम्भीरता से लेते हैं व निभाते हैं। यदि आपकी जन्मतिथी में यह अंक नहीं है तो अवश्य यह अंक आप अपने मोबाइल फोन में अवश्य लें सभी के साथ आपके रिश्ते अच्छे होगें व सब आपकी तारीफें करते नही थकेगे।

16. **अच्छी सेहत के लिए-** हम सभी नौ ग्रहो व पंच तत्वो द्वारा संग्रहित हैं व संतुलित हैं। हर नंबर हमारे जीवन में अतिमहत्वपूर्ण है इन सभी अंको का सही क्रम ही हमारे जीवन को संपूर्ण बनाता है हमारे इन पाँच तत्वो में असंतुलन से आता है। इन नौ अंको की इसलिए अतिआवश्यक है कि इनका संयोजन सही हो कही पर एक भी अंक की कमी हमे मानसिक व भावनात्मक असर करती है हमारी ऊर्जा को प्रभावित करती है ठीक वैसे ही जैसे किसी व्यक्ति का एक छोटा सा कंमेट या कम्पलीमेंट हमारे जीवन में हमारी ऊर्जा का स्तर बढाता या घटाता है व हमारे भीतर हैप्पी हारमोन्स को रिलीज करता है। यदि आप खुशियों से भरपूर स्वस्थ जीवन जीना चाहते है तो आप रवैया जीवन में सही रखे व आशायें न रखें व सबको माफ कर दें व सबकी गलतियों को क्षमा कर दें तो यह सही अंको का सही समायोजन का विशेषकर ध्यान रखें जो अंक जन्मतिथि में है वो अंक मोबाइल नंबर में ना ले व जो अंक आपके जीवन में नही है उनको अपने मोबाइल नंबर में लाकर अपना जीवन खुशनुमा, स्वस्थ, समृद्ध बनायें।

मोबाइल नंबर और आपके जीवन का लक्ष्य

क्या है आपके पास सही नंबर आपके जीवन के उद्देश्यो को प्राप्त करने हेतु नीचे दिये गयी सारणी से जाने व अपना नंबर अवश्य चेक करें। आपकी जन्मतिथि व मोबाइल में यह अंक अवश्य होने चाहिए। यदि आप जीवन में यह (Goal) पाना चाहते है।

आपके मोबाइल नंबर में ऐसे कौन से नंबर हैं जो होने चाहिये। नंबरों का सही संतुलन व सामंजस्य आपके जीवन में बड़ी से बड़ी उपलब्धि ला सकता है। यदि आपका उद्देश्य-

1. ज्ञान प्राप्ति है या ज्ञान को ग्रहण करने का है। बिना सोचे समझे आप आगे नहीं बढ़ना चाहते तो आपके मोबाइल नंबर में 1, 4, 8 का होना अति आवश्यक है।
2. यदि आप अपना घर बनाना चाहते है। प्रॉपर्टी के व्यापार में हैं तो आपके मोबाइल नंबर में 2, 5, 8 नंबर का होना अति आवश्यक है।
3. यदि आप राजनीति में जाना चाहते है या एक अच्छे नेता बनना चाहते हैं तो आपके मोबाइल नंबर में संख्या 4, 3, 8 का होना अति आवश्यक है।
4. यदि आप अच्छे खिलाड़ी बनना चाहते हैं तो आपके मोबाइल में नंबर 2, 7, 6 का होना अति आवश्यक होगा।
5. यदि आप बहुत पैसा कमाना चाहते हैं व आपके पास पैसा रुके, उसके लिए आपके मोबाइल नंबर में 4, 5, 6, 8 का होना अति आवश्यक है।
6. विदेश जाना चाहते हैं तो 9, 5, 1 होना आवश्यक है।
7. डॉक्टर बनाना चाहते हैं, देश सेवा करना चाहते है 4, 6, 7 नंबर होना आवश्यक है।
8. मीडिया या अध्यापन क्षेत्र में जाने के लिए 1, 3, 7, 9 नंबर होना आवश्यक है।
9. सेना में जाने के लिए 4, 2, 6, 7 होना आवश्यक है।

10. फिल्म के गीत-संगीत (गायन) के क्षेत्र में जाने के लिए 1, 2, 3, 6, 9 नंबर अति आवश्यक है।
11. अच्छे स्वास्थ्य के लिए आपके नंबर का समायोजन ऐसा हो कि किसी भी एक ग्रह की अधिकता न हो या कहीं कोई नंबर दूर न हो। विशेषकर नंबर एक से नौ तक होने चाहिये अधिकता या कमी नहीं; जिससे संतुलन व स्वास्थ्य बना रहेगा ।
12. यदि आप मानसिक शांति चाहते हैं तो आपके नंबर में तीन, पांच, सात का होना आवश्यक होगा।
13. यदि आप अच्छे रिश्तों की बात सोचें तो आपके मोबाइल नंबर में 2, 3, 6 नंबर का होना अति आवश्यक है, जिससे आप रिश्तों की नाज़ुकता समझें व उनको निभाने के लिए जिम्मेवारी भी लें। साथ ही आपका जन संपर्क अच्छा हो व समाज में उज्ज्वल व अच्छी छवि बरकरार रखें।
14. यदि आध्यात्मिकता की बात चाहते हैं तो आपके नंबर में 4, 7 अंक का होना अति आवश्यक है जो आप में आस्था व विश्वास जगाते हैं। 2, 5, 8 पृथ्वी तत्व को लाते हैं, जिनसे इस क्षणिक दुनिया से, दिखावे से, छलावे से आप दूर रहते हैं।
15. यदि आप चाहते हैं कि अपने जीवन में आप अनुशासनप्रिय व्यक्ति रहें व सरकारी नौकरी में हों तो आपकी सफलता, कामयाबी 4, 6, 9 नंबर व्यक्त करते हैं।
16. यदि आप चाहते हैं आपके बहुत सारे मित्र हों तो आपके नंबर में 1, 3, 6 नंबर का होना बहुत अधिक जरूरी रहेगा।

अपना व्यक्तित्व पहचानें

आपके मोबाइल नंबर का कुल योग या अंतिम अंक

	ग्रह	विशेषता
1.	सूरज	I am
2.	चंद्रमा	I feel
3.	बृहस्पति	I Teach
4.	अरुण ग्रह	I Desire
5.	बुध	I think
6.	शुक्र	I Love
7.	वरुण ग्रह	I Dream
8.	शनि ग्रह	I Achive
9.	मंगल ग्रह	I Act

अपने नंबर से जाने कौन से अच्छे योग हैं आपके नंबर में जो आपको फ़र्श से अर्श पर लाते हैं व सुखसमृद्धि कामयाबी दिलाते हैं। जाने व पहचाने कौन से अच्छे योग हैं आपके मोबाइल नंबर में–

1. **राज योग या स्वर्णयोग** - यदि आपके नंबर में 4, 5, 6 नंबर है तो आप सुनिश्चित रहें, आपके पास नाम/प्रसिद्धि/यश/कीर्ति सभी होगा।
2. **सिल्वरयोग / संपत्ति योग** - 2, 5,8
3. **धन योग** - 3, 4,5,6,7
4. **सरकारी नौकरी योग** - 1,4,8,9
5. **व्यापार योग** - 5
6. **संतान योग** - 4,5,7
7. **प्रेम विवाह योग** - 2,4,6
8. **विदेश यात्रा योग** - 2,5,6,7

मोबाइल सेट के आकार-प्रकार

आजकल बाजार में विभिन्न आकार-प्रकार के मोबाइल सेट आ गये हैं। आप उनका चुनाव कैसे करते है, क्यों करते हैं या वे आपका व्यक्तित्व किस प्रकार दर्शाते हैं-आइये जानें व समझें।

1. **यदि आपके मोबाइल सेट का आकार-प्रकार** साधारण या आयताकार है तो आप साधारण किस्म का व्यक्तित्व रखते हैं व आप जो जाहिर करते हैं वही सही है। आप दिखावा पसंद नहीं करते। अपने व्यवसाय में तरक्की करते हैं।

2. **जिनका फोन फ्लेप वाला** होता है, वे बहुत चतुर किस्म के व्यक्ति होते हैं। वे सब-कुछ दिखाना नहीं चाहते, दर्शाना नहीं चाहते। अपना व्यक्तित्व वे अच्छी तरह छुपाना जानते हैं।

3. **जिनके मोबाइल सैट का आकार बहुत ज्यादा टेढ़ा-मेढ़ा** होता है वे बहुत असुरक्षित या अपने निर्णय हर पल बदलने वाले हो सकते हैं। या कहते कुछ और होते कुछ हैं। इसलिए इन लोगों पर भरोसा नहीं कर सकते। साथ ही ऐसे लोग घुमा-फिरा कर, खुद का काम निकलवाने वाले या चालाक किस्म के होते हैं; जो अपना काम स्मार्टनेस से, तिगड़मबाजी से करवाना चाहते हैं। या थोड़ा काम कर अधिक पाना चाहते हैं।

4. **जिन लोगों के पास ऐसा मोबाइल सेट होता है जिसमें कम्प्यूटर होता है** व जिस फोन से ई-मेल व संदेश भेजा जा सकता हो, वे अहम भावना रखने वाले होते हैं व अपना अधिकार जमाना चाहते हैं। साथ ही अपनी सभी यादों को अपने साथ रखना चाहते हैं। अपने काम में मास्टर होते हैं या जताते हैं। सभी कुछ अपने साथ लेकर चलना चाहते हैं।

5. **जिनके पास बड़ा फोन होता** है वे अधिकतर दिखावे में विश्वास रखते हैं। इन्हें अपना काम निकालना आता है। जरूरत के बिना ही यह इनका उपयोग दिखाना चाहते हैं। सारे कार्य का अधिकार अपने साथ रखना चाहते हैं या कहें कि अपने आपको कुछ अलग तरह का दिखाना चाहते हैं।

6. **जिनका फोन थोड़ा टेढ़ा-मेढ़ा या कुछ रंग-बिरंगा** होता है वे काफी अस्थिर दिमाग वाले होते हैं। भावुक होते हैं व बहुत जल्दी आहत भी होते हैं। जीवन में व्यावहारिकता या स्थायित्व की बात नहीं करते।

7. **जिनका छोटा फोन खिसका कर बड़ा** बनता है, हम ऐसे व्यक्तित्व को छुपा रुस्तम कह सकते हैं। अधिकतर ऐसे व्यक्ति अपने कुछ न कुछ व्यक्तिगत रहस्य रखते हैं। अपनी सारी बातें व राज सब के साथ नहीं बाँटना चाहते। ज्यादा दिखावे में भी विश्वास नहीं करते। साथ ही व्यक्तित्व में भी स्पष्ट नहीं होकर, दोहरी छवि रखते हैं या वैसे सामान्य दिखते हैं। समय आने पर तीस मारखां या विजेता हो जाते हैं व इतने सफल दिखते हैं कि विश्वास नहीं होता ।

8. **स्लिम फोन या फोन जितना पतला** होता है वे उतने ही नाजुक मिजाज किस्म के होते हैं। असलियत में वे अपने जीवन में काफी सक्रिय होते हैं या समाज में स्वयं को व्यक्त करते हैं। मोटी व भारी चीजों को नापसंद करते हैं। वे जताना चाहते हैं कि वे भद्र और बेजोड़ पसंद रखते हैं। अपने जीवन में चुस्त-दुरुस्त दिखना चाहते हैं। वे उसी तरह के फोन का चुनाव भी करते हैं। काम पर जाते हैं व प्रदर्शन करते हैं, चाहे उपयोगिता शून्य हो।

9. **बड़े व मोटे फोन सैट**- ज्यादा फंक्शन वाले हुकूमत करना चाहते हैं। जीवन में समझौता नहीं करते। कैमरा, संगीत, एम.पी.3, इंटरनेट फोन वाले लोग आलसी किस्म के होते हैं। काम कम व परिणाम अधिक चाहते हैं। चाहते हैं, दिखाई ऐसा दे कि सभी लोग यह सोचें कि बहुत बड़ा काम करते होंगे। समाज में अपना स्तर ऊँचा दिखाना चाहते हैं। साथ ही अपने सामने दूसरों को कुछ नहीं समझते। उनका कम चीजों से गुजारा नहीं होता। जीवन में ज्यादा दिखाने में नहीं जाते, जिसके परिणाम अच्छे हों व दिखावा भी हो जाये, वह सोचते हैं।

With Celebrities

Asiad Literature Festival

Asiad
Literature
Fest

World Records

India
Book of Records
www.indiabookofrecords.in

CERTIFICATE

FIRST BOOK ON MOBILE NUMBER PREDICTION

Dr. Seema Midha (born on July 1, 1964) of Gurgaon, Haryana, authored a book on mobile number prediction titled as 'Mobile Number Can Change Your Life' (Hindi edition) in 2008, that helps people to know, which mobile number can be useful for an individual, according to numerology. Later, the book was published in English in the year 2011 titled as 'What Is Your Mobile Number?'.

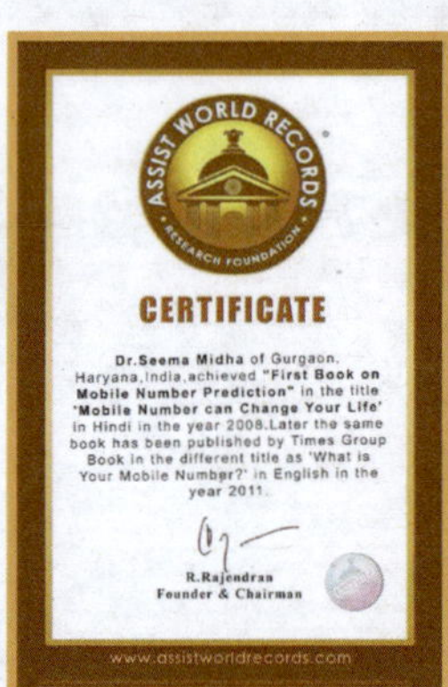

ASSIST WORLD RECORDS RESEARCH FOUNDATION

CERTIFICATE

Dr.Seema Midha of Gurgaon, Haryana,India,achieved "First Book on Mobile Number Prediction" in the title 'Mobile Number can Change Your Life' in Hindi in the year 2008.Later the same book has been published by Times Group Book in the different title as 'What is Your Mobile Number?' in English in the year 2011.

R.Rajendran
Founder & Chairman

www.assistworldrecords.com

India
Book of Records

FIRST BOOK ON MOBILE NUMBER PREDICTION
Dr. Seema Midha
Gurgaon, Haryana
May 3, 2013

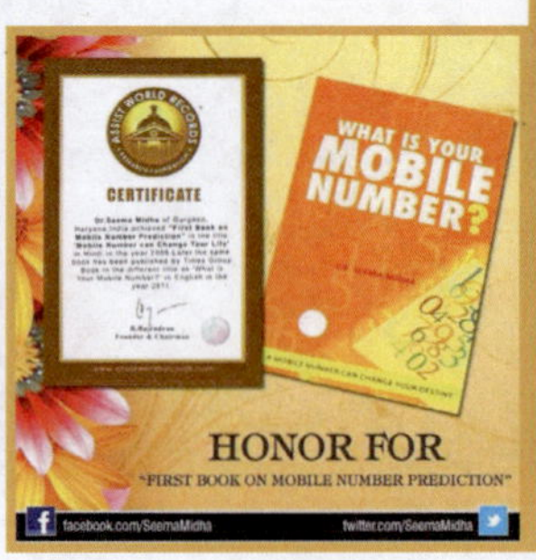

MIRACLES WORLD RECORDS

certificate

FIRST BOOK ON MOBILE NUMBERS

Dr SEEMA MIDHA (born on 1st July 1964) of Gurgaon, Haryana, authored a book on FIRST BOOK ON MOBILE NUMBERS (Hindi) in 2008. That helps people to know, which mobile number can be useful for an individual according to numerology later the book was published in English in the year 2011 titled as "WHAT IS YOUR MOBILE NUMBER?"

www.miraclesworldrecords.com

Popular Personalities with popular book

WHAT IS YOUR MOBILE NUMBER?
Affirmations

WHAT IS YOUR MOBILE NUMBER?

WHAT IS YOUR MOBILE NUMBER?

WHAT IS YOUR MOBILE NUMBER?
MYSTICAL TAROT DECK

GEMS TALK
MYSTICAL TAROT DECK
MOBILE NUMBER

WHAT IS YOUR MOBILE NUMBER

News Paper and Magazine News

वूमेन ऑन टॉप

WOMEN ON TOP

मुझे मेरी बीवी

मोबाइल नंबरों से भाग्योदय

पंजाब केसरी

पंजाब केसरी

DelhiTimes

Interested in Numerology?

You cannot miss this one!

WHAT IS YOUR MOBILE NUMBER?

GurgaonTimes

And now, there's mobile phone numerology

THE SPEAKING TREE

Tarot Queen Dr Seema Midha

Dr Seema Midha, a universally acclaimed Tarot Queen, not just has life solutions that bring success and achievement, but also bring hope and peace to oneself. What stands out is her positive aura that ensures you wisdom, gratitude and love for being. She has introduced to us the significance of mobile numbers and their influence on us. She concluded how mobile numbers can change one's life. She has enlightened society with her indepth knowledge and research on Tarot reading, Numerology, signature and name corrections.

Awarded with various international and national accolades, and author of bestselling book, *Mobile No. Can Change Your Life*, Dr Seema Midha was honoured and considered on the top in 'India Book of Records' and 'Golden Book of World Records'. Dr Seema Midha is founder of Delhi School of Occult Sciences, where you can not just learn Tarot reading but also know how to transform lives by numbers and many other precious services and courses.

With Dr Seema Midha's exclusively designed Mystical Tarot Deck (globally available), she will take you to the real world of Tarot reading. You will get live training on Tarot reading and consultation. Being a reputed name in the Tarot and Life Solution industry, she is committed to make it grow further.

Seema Midha

today TIMES OF INDIA 3RD JULY 2016

क्या मेरा मोबाइल नंबर लकी है?

HT

LUCKY CELLPHONE NUMBERS KEY TO CHANGING FORTUNE

Is 'number therapy' the new faith

पत्रिका PLUS

ऑथर डॉ. सीमा मिढ़ा ने शेयर किए अनुभव...

बुक के लिए ऑडियंस ने किया प्रेरित

पत्रिका PLUS रिपोर्टर

नम्बर्स का रोल अहम

नईदुनिया

दिल्ली

एक्सपो में पढ़ाया रिश्तों का पाठ

LifePositive

The queen of cards

मिस्टिक इंडिया

उपचारकारी स्पर्श रेकी

ज्योतिष का प्रारंभ कब और कैसे?

वास्तु, फैंगशुई तथा सकारात्मक ऊर्जा

सुखी जीवन एवं पितृ मोक्ष का आधार: श्राद्ध

पत्तों में छिपी हैं जीवन की दिशाएं

Book Launch